VERÖFFENTLICHUNGEN
DER NIEDERSÄCHSISCHEN ARCHIVVE[...]

——————— Heft 1 ———————

Geschichte des
Niedersächsischen Staatsarchivs
in Wolfenbüttel

von

Dr. jur. Hermann Kleinau

Staatsarchivdirektor

GÖTTINGEN · VANDENHOECK & RUPRECHT · 1953

Zum Geleit

Die Veröffentlichungen der Niedersächsischen Archivverwaltung, deren erstes Heft hiermit vorgelegt wird, sollen in zwangloser Folge Archivinventare, Darstellungen und Quellensammlungen zur Archivgeschichte, zur Behörden- und Verwaltungsgeschichte und zur allgemeinen Landesgeschichte aufnehmen. Es ist zu hoffen, daß in jedem Jahre je nach Umfang ein bis zwei Bände herausgegeben werden können. Das Erscheinen dieser Geschichte des Staatsarchivs in Wolfenbüttel, das seit 1590 in dem gleichen Gebäude untergebracht ist, erhält einen besonderen Sinn dadurch, daß in diesem Jahre die Arbeiten zur Errichtung eines Archivneubaues in Wolfenbüttel begonnen haben und daß damit ein neuer Abschnitt der Geschichte des Staatsarchivs eingeleitet wurde. Auch aus diesem Grunde wurde das vorliegende Heft mit Abbildungen ausgestattet, die den heutigen Zustand, der bald ebenfalls Geschichte sein wird, festhalten sollen.

Hannover, den 1. August 1953

Dr. Grieser
Regierungsdirektor

Vorbemerkung

In den Jahren 1939 und 1947—1949 wurden für den Dienstgebrauch „Beiträge zur Geschichte des Staatsarchivs in Wolfenbüttel" zusammengestellt. Sie hatten den Zweck, den Inhalt der z. T. sehr unübersichtlichen Dienstregistratur des Landeshauptarchivs bis 1938 zu erschließen, für eine Bestandsübersicht und zur Erklärung der vielfach in das 18. Jhdt. zurückreichenden Bezeichnungen bestimmter Bestände nach ihrer Lagerung Unterlagen zu schaffen. Daher endet diese überarbeitete und besonders im Abschnitt über das Archivgebäude etwas gekürzte Archivgeschichte im allgemeinen mit dem Jahre 1938, hinsichtlich der Personalien des Büro- und Kanzleipersonals und der Einzelheiten des Dienstbetriebes mit dem Jahre 1932. Nur einige Einzelbemerkungen weisen auf spätere Ereignisse und Zustände hin.

Möchte dieser Geschichte bald eine Bestandsübersicht folgen; ein Entwurf liegt zwar längst vor, aber im Zuge unermüdlicher Ordnungsarbeiten ändert sich seine Gestalt laufend, immer neue vorläufige Überschriften erhalten den zugehörigen Text. So wird es auch unter günstigen Umständen noch einige Jahre dauern, bis verläßliche Auskunft über die Schätze des Staatsarchivs gegeben werden kann.

Diese im Juni 1951 abgeschlossene Arbeit widme ich dem Andenken meines verehrten Lehrers und Landsmannes, des am 17. März 1952 in Berlin heimgegangenen Generaldirektors der preußischen Staatsarchive (1928—1936) Prof. D. Dr. A. Brackmann.

Schöppenstedt, im Dezember 1952

H. Kleinau

Inhalt

I.

Die braunschweig-wolfenbüttelschen Archivalien und der Sitz der Kanzlei in Wolfenbüttel in der Zeit vor 1590

1. *Die Archivalien im Wolfenbütteler Schlosse und im Blasiusstifte in Braunschweig im 15. u. 16. Jhdt.*

Während die Anfänge der Wolfenbütteler Bibliothek im 16. Jhdt. und ihre Geschichte besonders der Zeit Herzog August d. J. (1635—1666) genau bekannt sind und schon längst eine eingehende Darstellung gefunden haben, ist über die Geschichte des Niedersächsischen Staatsarchivs, vormaligen Landeshauptarchivs, in Wolfenbüttel so gut wie nichts veröffentlicht[1].

Die Anfänge des Wolfenbütteler Archivs lassen sich bis in das 15. Jhdt. zurückverfolgen. Sie liegen allerdings nicht nur in dem 1283 durch Herzog Heinrich d. Wunderlichen erbauten, seit 1432 stetig als Residenz dienenden Schlosse Wolfenbüttel, sondern auch in Braunschweig.

Die Urkunden über Landesteilungen der welfischen Herzöge von 1428, 1432, 1442 und 1495 enthalten u.a. auch Bestimmungen über die damals vorhandenen Urkunden[2]. In dem Vertrage vom 25. 5. 1428, den Herzog Wilhelm von Braunschweig seinen Lüneburger Vettern über die Teilung der welfischen Lande vorlegte und auf den hin Herzog Bernhard das Lüneburgische wählte und Wilhelm der Siegreiche Wolfenbüttel mit Calenberg erhielt[3], ist bestimmt, daß alle Privilegien und Briefe

---

[1] Einige knappe Angaben s. Deutsche Geschichtsblätter, Bd. 2 (1901) S. 138—139. — Minerva-Handbuch der Archive 1932 S. 373. — Ferner P. Zimmermann, Was sollen Archive sammeln? In: Korrespondenzblatt des Ges. V. 59. Jg. (1911) Sp. 465—477. — Derselbe, Die Stammbüchersammlung des Landeshauptarchivs. Braunschw. Magazin 1907. — Henrici, Braunschweigs Landeshauptarchiv als Bibliothek. Zentralbl. f. Bibl.-Wesen 26. Jg. (1909) S. 541—548.

[2] So auch M. Bär, Geschichte des Kgl. Staatsarchivs zu Hannover. Leipzig 1900. (= Mitt. d. Kgl. Preuß. Archivverwaltung Heft 2) S. 81.

[3] A. U. Erath, Histor. Nachricht von den im ...Br.-Lün. Hause ... getroffenen Erbteilungen. Frankfurt u. Leipzig 1736. S. 34f., 39, 43. — Vgl. O. v. Heinemann, Gesch. v. Braunschweig u. Hannover. Gotha 1886. Bd. II S. 182.

bei der Herrschaft bleiben sollten, die sie betrafen; die beide Landes-
teile berührenden Briefe sollten zu gesamter Hand beim Blasiusstifte in
Braunschweig niedergelegt werden. — Dieselbe Vereinbarung enthält
auch der zwischen den streitenden Brüdern Wilhelm und Heinrich 1432
geschlossene Vertrag[1], wonach jeder die sein Fürstentum betreffenden
Urkunden behalten sollte, die beide Teilfürstentümer und die lüneburgischen Lande insgesamt angehenden Stücke jedoch in Braunschweig
verwahrt werden sollten. Ebenso wurde es am 21. 4. 1442 vereinbart[2] mit
dem Zusatze, daß jeder Fürst einen Schlüssel zu dem beim Blasiusstifte
aufzubewahrenden Urkundenbehältnis haben solle. Die Vertragspartner
richteten in der Urkunde vom 15. Mai 1442 an den Dekan und das Kapitel
zu St. Blasius die Bitte, eine mit 4 Schlössern verschlossene Kiste,
welche die ihre Herrschaft betreffenden gemeinsamen Urkunden ent-
halte, in der Kirche oder einem anderen sicheren Raume aufzustellen
und ihren Beauftragten den Zugang dazu zu gestatten; sie versprachen,
daß die unverschuldete Beschädigung der Kiste dem Stifte nicht zur
Last fallen sollte[3]. Die Urkunde von 1495, durch die Herzog Wilhelm
d. J. seinen Söhnen Heinrich und Erich d. Ä. den Rest seiner Lande
überließ[4], trifft noch ausführlichere Bestimmungen: „Wat ok van
segelen unde breven to Wulfebütle sin", soll verlesen und geteilt werden;
die das Land Wolfenbüttel betreffenden Urkunden sollten an Heinrich
d. Ä., die Calenberg betreffenden an Erich d. Ä. fallen. Die beide
Fürstentümer angehenden Urkunden sollten in einer Kiste im Blasiusstifte in Braunschweig hinterlegt werden und unter gemeinsamem Verschlusse stehen. Ebenso sollten die noch im Gewahrsam Wilhelms d. J.
— er regierte selbst noch in dem Teilgebiete von Göttingen — befindlichen Urkunden und Briefe geteilt werden. Die zugleich Wolfenbüttel-
Calenberg-Göttingen und das von Heinrich d. Mittleren (1478—1532)
regierte Herzogtum Lüneburg betreffenden Privilegien und Briefe, die
schon seit mindestens 1428 beim Kapitel von St. Blasius unter Verschluß lagen, sollten künftig im gemeinsamen Gewahrsam der Herzöge
von Wolfenbüttel, Calenberg und Lüneburg stehen und im gegenseitigen
Einverständnis benutzt werden dürfen.

Hieraus geht zum ersten Male mit Sicherheit hervor, daß in Wolfenbüttel mindestens seit der Regierungszeit Wilhelms d. J. (1482—1491)
ein nennenswerter Urkundenbestand aufbewahrt worden ist. Es ist zwar
schon vor längeren Jahren im Schrifttum klar herausgestellt[5], daß auch
Braunschweig lange Zeit der Aufbewahrungsort eines — wenn auch an

---

[1] Erath a.a.O. S. 54, 58. — Vgl. O. v. Heinemann a.a.O. S. 200.
[2] Erath a.a.O. S. 70.   [3] Urk Abt. 2 Nr. 574.
[4] Erath a.a.O. S. 105.   [5] M. Bär a.a.O. S. 81 f.

Umfang nur kleinen — herzoglichen Archivs gewesen ist; das ist aber vielfach in Vergessenheit geraten. Die Bestimmung Braunschweigs zum Aufbewahrungsorte für die Gesamturkunden zeigt das Fortwirken der Bedeutung des welfischen Fürstensitzes Braunschweig seit den Tagen Heinrichs d. Löwen, sie hebt diese Stadt hervor als den Hauptort des darauf und auf das Schloß Lüneburg 1235 begründeten neuen Herzogtumes.

Hier soll zunächst die weitere Entwicklung in Wolfenbüttel verfolgt werden.

Zu der Zeit, als die Verträge von 1428 und 1432 abgeschlossen wurden, besorgte ein Geistlicher als fürstlicher Schreiber die Ausfertigung der Urkunden und den sonstigen Schriftverkehr, der etwa zur Erteilung von Befehlen an die allein als herzogliche Beamte auf dem Lande tätigen Vögte und Amtleute notwendig war[1]. 1442 hatte sich der oberste Schreiber zum „Kanzler" aufgeschwungen. Ihm standen Schreiber zur Seite, seit mindestens 1452 als Kollege auch ein Secretarius[2]. Aber auch die in einem Vertrage von 1483 in den braunschweigischen Landen zuerst erwähnte „Cancellerie", die Herzog Heinrich d. Friedfertige von Calenberg hatte, darf man noch nicht als eine ständige Behörde ansehen, da die darin tätigen Geistlichen noch nicht einmal verpflichtet waren, sich ständig am herzoglichen Hofe aufzuhalten[3]. Die Geschäfte politischer Berater der Herzöge übten in der Regel einige Adlige in zeitweiligem Dienste, keineswegs in Form eines ständigen behördlichen Kollegiums aus. Die Schreibarbeiten unter Leitung des Kanzlers standen bescheiden im Hintergrunde. Deshalb müssen wir uns für die Zeit um 1495 den Zustand in Wolfenbüttel so vorstellen, daß die Urkunden und Briefe in einem sicheren Raume des Schlosses lagen, ohne eine ständige Verwaltung und Ordnung zu erfahren.

Freilich hat die Regierung des tatkräftigen Heinrich d. Älteren (1491 bis 1514) wohl die Voraussetzungen für eine Änderung dieses Zustandes geschaffen. Seit der Landesteilung von 1495 bestand das Land Braunschweig etwa in seinem letzten Umfange und trug zu seinem Namen den der Residenz Wolfenbüttel. Um jene Zeit begann der schriftliche Verkehr in der Verwaltung anzuwachsen. Während noch die Teilungsurkunde jenes Jahres nur von Siegelurkunden und Briefen spricht, be-

---

[1] B. Krusch, Die Entwickelung der Herzogl. Braunschweigischen Centralbehörden, Canzlei, Hofgericht und Konsistorium bis z. J. 1584. In: Zeitschr. d. Hist. Vereins f. Nieders. 1893, S. 201—315 und 1894, S. 39—179. — Künftig zitiert: Krusch a.a.O. I u. II. — Hierzu vgl. Krusch a.a.O. I S. 202f.

[2] Krusch a.a.O. I S. 207, 209.

[3] Krusch a.a.O. I S. 211f. O. v. Heinemann a.a.O. S.212f.

gann doch damals allmählich die Aktenführung in größerem Maße. Die gegenüber den meisten deutschen Territorien späte Anstellung eines Laien als Kanzler in Wolfenbüttel dürfte schließlich nicht allein in der Notwendigkeit, die hochdeutsche Schriftsprache anzuwenden, sondern auch in dem Anwachsen der Geschäfte ihre Ursache gehabt haben, das einen ständig zur Verfügung stehenden Kanzleivorstand mit ausreichenden Hilfskräften erforderte. So ist denn 1503 in der Bestallung des Kanzlers Johann Peyn, des ersten Nichtgeistlichen auf diesem Posten, auch von seinen *Mitgesellen* die Rede[1]. Aus der Amtszeit des Kanzlers Peyn erfahren wir zuerst um 1520 von einer Fürsorgemaßnahme für das allmählich sich ansammelnde Schriftgut. Die Kanzleigesellen sollten die Registratur ordentlich führen und die ausgestellten Urkunden in die dazu bestimmten Kopialbücher eintragen[2].

Zwar standen dem Kanzler seit Ende des 15. Jhdts. ein Rentmeister für Verwaltung der Steuern und Schuldsachen und wohl auch ein Kammerschreiber (seit 1540 Kammermeister) zur Einziehung der Überschüsse aus der örtlichen Verwaltung zur Seite, die zur Führung ihrer Rechnungen und Register auch Hilfskräfte hatten[3]. Aber der Schriftverkehr in diesen Verwaltungszweigen war gering. Das Schwergewicht der verwaltenden und richterlichen Tätigkeit lag in der Kanzlei. Dies blieb so, bis mit dem Amtsantritte des Kanzlers Dr. König 1523 die Bildung eines besonderen, ständigen (Hof-) Ratskollegiums (Ratsstube) neben der Kanzlei begann[4]. Doch sind die Anfänge des Wolfenbütteler Archivs auch weiterhin eng mit der Kanzlei verknüpft.

Genauere Nachrichten über das Schriftgut lassen sich noch aus der Regierungszeit Herzog Heinrichs d. Jüngeren (1514—1568) beibringen, des eigentlichen Begründers der Stadt Wolfenbüttel (Privileg von 1540!) und des Bauherrn der Festung Wolfenbüttel.

Es ist in der Aktenabteilung des Landeshauptarchivs[5] ein *Registrum uber brief und Sigel, was der im thorm zu Wulfenbuttel verwart werden* erhalten, dessen Abfassungszeit um 1530 liegen dürfte. Auf den letzten Blättern des Registers wechselt nämlich die Handschrift; das vorletzte Blatt ist überschrieben: *In derselben Kisten sein gelegt Anno 1532: ...*

---

[1] Krusch a.a.O. I S. 225 ff.

[2] Krusch a.a.O. I S. 234. — Also Registerführung!

[3] Krusch a.a.O. I S. 242, 283. Die Kammer seit etwa 1530 Zentralkasse. — Helmut Samse, Die Zentralverwaltung in den südwelfischen Landen vom 15.—17. Jhdt. (= Quellen u. Darstellungen z. Gesch. Niedersachsens Bd. 49.) Hildesheim 1940. S. 11, 193, 205, 208 Ziff. 5, 210 Ziff. 10.

[4] Krusch a.a.O. I S. 241 ff., 252 f., 255, 266, 267, 270 f.

[5] L Alt Abt. 36 II, 1.

(folgen Bezeichnungen einiger Urkunden und Akten). Die letzten in dem Registrum verzeichneten Schriftstücke entstammen den Jahren 1533/34.

Dieses Verzeichnis lehrt uns, daß das in Wolfenbüttel vorhandene Schriftgut an der fürstl. Hofstatt aufbewahrt wurde, wie es auch anderswo in jener Zeit üblich war. So hatten z. B. seit etwa 1475 die brandenburgischen Markgrafen ihre Urkunden im Berliner Schlosse, seit 1571 im sogen. „grünen Hut", einem noch bis zum letzten Kriege erhaltenen Turme des Schlosses untergebracht, wo sie bis 1874 lagen[1]. — In näherem Zusammenhange könnte die uns überlieferte Verzeichnungsarbeit damit stehen, daß 1526 auch die in einem gesicherten Gewölbe des Schlosses Neustadt a. Rbg. lagernden Urkunden und Briefschaften der calenbergischen Linie des Herzogshauses zum ersten Male verzeichnet wurden[2].

In Berlin waren die Urkunden in Kästen und Schachteln untergebracht[1], in Neustadt in 7 großen und kleinen Truhen und innerhalb dieser in kleinen Schachteln[3]. Im Wolfenbütteler Verzeichnis sind 12 Kisten aufgezählt, in denen mit verschiedenen Buchstaben und Zeichen versehene Schachteln und „besmedete Laden" die Urkunden, Briefe usw. enthielten. Eine bestimmte Einteilung des ganzen Bestandes ist nicht zu erkennen.

Allem Anschein nach stammt das *Registrum* aus der Zeit vor der Zerstörung der alten herzoglichen Burg Wolfenbüttel durch die Schmalkaldener i. J. 1546[4]. Man hat deshalb bei dem darin als Aufbewahrungsort bezeichneten Turm vielleicht an das mächtige gewölbte Untergeschoß der turmartigen Schloßkapelle zu denken[5] und nicht etwa an den durch Hermann Korb vor 1717 in die von ihm geschaffenen Schloßfassaden eingebauten sog. Hausmannsturm, der das heutige Schloß als einziger seiner Art stolz überragt[6].

Daß man in Wolfenbüttel wie an anderen Orten einen so besonders gesicherten Aufbewahrungsort für die anfallenden Schriftstücke wählte, hat darin seinen Grund, daß es sich um durchweg für die Regierung und

---

[1] Dr. Ernst Posner, Gesch. d. Geh. Staatsarchivs u. seiner Bestände. Ungedruckte Vortagsreihe im Instit. f. Archivwissensch. u. geschichtswissenschaftl. Fortbildung in Berlin-Dahlem. Sommer 1930.

[2] M. Bär a.a.O. S. 5.

[3] M. Bär ebenda.

[4] So auch v. Praun in der kurzen Darstellung der Geschichte des Wolfenbütteler Archivs in seinem *Vorbericht zum Repertorio generali* usw. vom 15. 11. 1748. L Alt Abt. 36 V, 2 Nr. 2.

[5] Vgl. Fr. Thöne, Wolfenbüttel unter Herzog Julius (1568—1589). In: Braunschw. Jahrb. 33. Bd. (1952) S. 10f. — Freundl. Hinweis des Verf. — Vgl. hierzu Abb. 1 bei Ziff. I.

[6] Vgl. auch Niederschrift Wäterlings vom 1. 2. 1826 in L Alt Abt. 36 IV, 6.

Verwaltung bedeutsame Sachen handelte, die für die Sicherung der landesherrlichen Rechte — zumal auch gegenüber den benachbarten Territorien — unentbehrlich waren und deshalb in Kriegszeiten von Feinden besonders gern vernichtet oder verschleppt wurden.

Dies Geschick ereilte denn auch die Wolfenbütteler Schätze. Die ganze Kanzlei fiel 1542 den Schmalkaldenern in die Hände[1]. In einem kaiserlichen Mandat vom Januar 1548 heißt es, dem Herzog Heinrich d. J. seien *in seiner gewonlichen Behausung, da er sein Canzlei gehabt, alle seine Privilegia, Briefe, Siegill, Registraturn, auch sonst aller hand urkunden verzaichnussen, Informationes etc., so dabei gewesen, entfurt*[2]. Es muß ziemlich bunt dabei zugegangen sein. So kam wahrscheinlich eine Urkunde der Brüder von Lüthorst von 1324 ins Kloster Ringelheim, weil sie nach Abzug der Schmalkaldener mit den unter fremden Briefen auf der Kanzlei zerstreuten Ringelheimer Urkunden versehentlich aufgenommen war[3]. Ein Teil der Archivalien — 3 versiegelte Kisten — wurde geraubt und beim Rate der Stadt Braunschweig hinterlegt. Dem Rate war dies offenbar eine willkommene Gelegenheit, dem Herzoge Schwierigkeiten zu machen. Denn obwohl Heinrich d. J. im Januar 1548 ein kaiserliches Mandat an den Rat erwirkt hatte, das die Herausgabe der Urkunden anordnete, ließ dieser sich erst im Jahre 1553 auf ausdrückliche Freigabeschreiben des Landgrafen Philipp von Hessen und des Kurfürsten von Sachsen hin herbei, die geraubten Archivalien wieder herauszugeben[2].

Auch nach Sachsen waren einige Beutestücke mitgenommen. Herzog Friedrich Ulrich bat anläßlich von Verhandlungen mit Herzog Wilhelm von Sachsen-Weimar am 10. 6. 1630 um deren Rückgabe. Es handelte sich, wie eine Nachprüfung im sächsischen Gesamtarchiv ergab, freilich nur um Kopien von 21 Urkunden des 14.—16. Jhdts. Die vom Helmstedter Professor Georg Calixtus 1639 gemachte Angabe, es seien noch zahlreiche Wolfenbütteler Originale in Weimar, stellte sich nach einer auf Hermann Conrings Anregung 1655 wiederholten Nachprüfung als falsch heraus. Erst im März 1815 wurden die Stücke aus Weimar zurückgegeben[4].

Ein noch eigenartigeres Schicksal haben einige nach Hessen gelangte Wolfenbütteler Akten gehabt, von denen mir allerdings nicht ganz

---

[1] O. v. Heinemann, Das Herzogl. Schloß zu Wolfenbüttel. Wolfb. 1881. S. 11.

[2] L Alt Abt. 36 III, 1. — S. auch L Alt Abt. 36 V, 2 Bd. 2 (v. Prauns Vorbericht vom 15. 11. 1748).

[3] H. Hoogeweg, UB des Hochstifts Hildesheim Bd. 4 (Hannover u. Leipzig 1905) Anm. zu Nr. 769.

[4] L Alt Abt. 36 III A, 2.

sicher ist, ob sie 1542 durch den Landgrafen Philipp von Hessen oder durch Herzog Heinrich d. J. selbst 1545 bei seiner Gefangensetzung nach Ziegenhain in Hessen mitgenommen sind. — Man kam in Wolfenbüttel erst 1690 auf diese Angelegenheit zurück, wo man viel mehr unter diesen nach Hessen gelangten Archivalien vermutete als tatsächlich darinsteckte. Damals ging es nämlich um die Erwerbung und Behauptung des Herzogtums Sachsen-Lauenburg, das den Welfen nach der Besetzung durch Herzog Georg Wilhelm von Celle durch die Fürstenhäuser von Mecklenburg, Sachsen und besonders Anhalt streitig gemacht wurde.

Die Archive in Hannover, Celle und Wolfenbüttel wurden damals eifrig nach Urkunden durchforscht, die sichere Rechtstitel des Gesamthauses Braunschweig bilden konnten. Dabei verfiel man angesichts der gewissen Schwierigkeit der Lage und zugleich der Bedeutung des möglichen Erwerbes irgendwie auf die Vermutung, 1542 könnten für die lauenburgische Angelegenheit belangvolle Stücke aus Wolfenbüttel nach Hessen verschleppt sein. Hofrat Lüdecke aus Wolfenbüttel und der hannoversche Archivar Bacmeister wurden im Juni 1690 als Beauftragte des Gesamthauses nach Kassel und Darmstadt geschickt. Ihre sehr anziehende Instruktion schrieb ihnen genau ihr Verhalten vor; sie sollten Einsichtnahme in die wolfenbüttelschen Akten zu erhalten suchen, ein Verzeichnis davon anfertigen, bei spürbarer Bereitwilligkeit der hessischen Fürsten aber die Herausgabe der Akten erbitten. Dazu wurden den Abgesandten 200 Taler Bestechungsgelder mitgegeben, damit sie u. U. in der Lage wären, *auch von etwan ein und anderen alten Hessischen, unserm Fstl. Hause nützlichen Documenten Abschriften zu erlangen*[1]. Schließlich erhielten Lüdecke und Bacmeister folgenden Auftrag: *Sonsten haben sie Sich Zeit ihrer anwesenheit zu Ziegenhain auch unter der Handt und bloß discurs weise nach denen ältesten Heßischen Sachen und von was Zeiten her Sie Documenta haben, zu erkundigen, und unter dem praetext der curiosität zu versuchen, ob Sie selbige sehen und copias davon nehmen können.* Aber die Bemühungen der beiden Niedersachsen waren nicht von Erfolg. Zwar entsandten die hessischen Landgrafen ihre Archivare nach Ziegenhain, wo im Gewölbe des festen Schlosses das hessische Gesamtarchiv und in ihm das wolfenbüttelsche Archivgut lag. Die blinden Hessen waren aber wachsam; sie waren weder bereit, die Besucher in das Archiv hineinzulassen noch ihnen überhaupt das Gemach zu zeigen, in dem sich das Gesamtarchiv befand. Man sieht sowohl aus den Aufträgen an die Niedersachsen als auch an dem Mißtrauen und der großen Vorsicht der Hessen, welche Bedeutung man

---

[1] L Alt Abt. 36 III, 4.

auch Ende des 17. Jhdts. der Geheimhaltung der Archive für die staatliche Verwaltung beimaß. Es wird davon noch zu sprechen sein.

Nach den schließlich von den hessischen Beamten herausgeholten Nachrichten, die durch ein im Juli 1690 nach Wolfenbüttel gesandtes Verzeichnis bestätigt wurden, lagen in Ziegenhain aber außer einigen die Wolfenbütteler Hofhaltung betreffenden Aktenbänden nur etliche Briefschaften aus der Zeit von Heinrichs d. J. Gefangenschaft in Ziegenhain, besonders Konzepte seiner Briefe an den Kaiser und andere Fürsten wegen seiner Befreiung sowie ein Rezeß des Landgrafen Philipp von Hessen von 1547 wegen Freigabe der schon erwähnten, 1542 nach Braunschweig gebrachten herzoglichen Akten. — Es war also nichts mit der Gewinnung von Hilfe i. S. Lauenburg. — Die Rückgabe der Akten aus Ziegenhain ist erst durch den Archivsekretär Wäterling im Februar 1819(!) eingeleitet; sie trafen am 14. 3. 1819 in Wolfenbüttel ein.

Nach dieser kleinen Reise kehren wir aus Ziegenhain nach Wolfenbüttel zurück.

Man darf sich in der 1. Hälfte des 16. Jhdts. das Archiv noch nicht als eine besondere abgetrennte Behörde vorstellen. Vielmehr waren die im Wolfenbütteler Schloßturm verwahrten Schriftstücke das, was wir heute Aktei oder Registratur nennen. Und zwar handelte es sich um Staats- und Familienverträge, Finanz-, Lehns- u. dgl. Angelegenheiten, die unter unmittelbarer Beteiligung der Herzöge, seit dem 15. Jhdt. unter Mitwirkung des Kanzlers und jeweils hinzugezogener Räte abgeschlossen oder bearbeitet waren. Bei Aufstellung des Registrums um 1530 gehörte die Obacht auf die darin verzeichneten Schriftstücke zum Geschäftsbereiche des Kanzlers. Während diese Aufsicht unter dem ersten den Doktorgrad tragenden Kanzler König anscheinend etwas vernachlässigt war, wurde sie seinem am 27. 8. 1533 bestallten Nachfolger Dr. Fabri ausdrücklich zur Pflicht gemacht[1]. Seine Behörde erhielt durch die (erste) Kanzleiordnung vom 3. 8. 1548 eine feste Grundlage und die Vorschrift, daß an ihren 1. Bürobeamten, den Haus- und Hofsekretär, sämtliche Akten abzuliefern seien[2] und er für deren Verwahrung,

---

[1] Krusch a.a.O. I S. 270, 274.

[2] Slg Abt. 40A Nr. 145. Vgl. Krusch a.a.O. I S. 280f. — Daß es die von Krusch dort genannte Kanzleiordnung von 1535 nicht gegeben hat, sondern daß das von ihm als solche bezeichnete Aktenstück in Wirklichkeit eine Abschrift der Kanzleiordnung von 1548 ist, werden im nächsten Bande der Quellen und Forschungen zur braunschw. Geschichte veröffentlichte Forschungen von Dr. W. Ohnsorge-Hannover nachweisen. Um so weniger läßt sich Kruschs a.a.O. geäußerte Ansicht aufrechterhalten, vor der 1. Kanzleiordnung habe man sich anscheinend um die Akten wenig gekümmert und durch *die Canzleiordnung* sei *die Braunschweigsche Registratur begründet;* dem widerspricht m. E. das alte Registrum.

die Registratur, zuständig sei. Der Haus- und Hofsekretär verzeichnete die Eingänge und verwahrte diese sowie die Kanzleibücher, Register und Verzeichnisse, auch die Akten der anderen Sekretäre und Schreiber. Er hatte die Akten zu ordnen und zusammenzubinden, die nicht mehr gebrauchten abzulegen und darüber ein ordentliches Findbuch (Repertorium) mit verschiedenen Abteilungen (Rubriken) zu führen, damit alles leicht auffindbar war.

2. *Die Lage der Kanzlei in Wolfenbüttel bis 1589*

Es war bisher eine sehr verschieden beantwortete Frage[1], in welchem Gebäude die Kanzlei seit etwa 1525, insbesondere seit der Rückkehr Heinrichs d. J. aus der Gefangenschaft 1547, ihren Sitz hatte und wo zugleich die Aufbewahrungsstelle vieler älterer Archivalien war, die sich noch heute im Staatsarchiv befinden. Schon vor 120 Jahren wußte man nichts sicheres hierüber. In einer Niederschrift des Oberarchivars Wäterling von 1826[2] ist lediglich gesprochen von der *alten Canzlei auf dem Damme, die in einem der nun abgerißenen Gebäude auf oder neben dem Schloßhofe mag gelegen gewesen sein.*

Wenn auch die Nachricht, der Kanzler habe 1518 ein Wohnhaus vor dem Schlosse erhalten[3], noch nichts für die Kanzlei aussagt, so haben neuste Forschungen ergeben, daß schon 1526 die Kanzlei in der Nähe der Schloßbrücke gelegen haben muß[4]. Das wird durch einen 1540 von Herzog Heinrich d. J. erlassenen Burg- und Hausfrieden bestätigt, der gelten sollte *alhie zu Wulfenbuttel uff dem Sloß, in der Cantzley, im Marstall, uffen Damm* usw. Ferner ist im Stadtprivileg für Wolfenbüttel vom 13.4.1540 bestimmt: *Keiner soll auf den 2 Wasserfüllen über oder unter unserer Canzlei waschen, noch eines Aas etc. in die Oker werfen*[5]. Schließ-

---

[1] Vgl. z.B. K. Bege, Chronik der Stadt Wolfenbüttel. Wolfenbüttel 1839. S. 52, 62. O. v. Heinemann, Das Herzogl. Schloß zu Wolfenbüttel. Wolfenb. 1881. S. 7. A. Rhamm, Die betrüglichen Goldmacher am Hofe des Herzogs Julius von Braunschweig. Wolfenbüttel 1883. S. 100 Am. 117. P. J. Meier u. K. Steinacker, Die Bau- und Kunstdenkmäler des Herzogt. Braunschweig. III. Bd. I. Abtlg. Die Bau- u. Kunstdenkmäler der Stadt Wolfenbüttel. Wolfb. 1904. S. 141. — Künftig zitiert: Meier-Steinacker, BuK. — G. Spies, Gesch. der Hauptkirche B.M.V. zu Wolfenbüttel. Wolfenbüttel 1914. S. 3 und 86.

[2] L Alt Abt. 36 IV, 6 und IV, 6b.

[3] Krusch a.a.O. I S. 232.

[4] Fr. Thöne, Wolfenbüttel unter Herzog Julius (1568—1589). In: Braunschw. Jhb. 33. Bd. (1952) S. 28 Am. 134. — In den Kanzleitagebüchern finden sich zuerst 1528 Terminsanberaumungen *auf der Kanzlei.* Vgl. Krusch a.a.O. I S. 235 Am. 2.

[5] K. Bege a.a.O. S. 31.

lich ist in der Hofgerichtsordnung von 1556 *das Gewölbe unter der fürstl.*
Canzlei in Wolfenbüttel als Sitzungszimmer genannt[1]. Das Kanzleigebäude ist zu suchen auf dem Gelände des kleinen Schlosses an der
Oker und war durch eine Brücke in den Lustgarten unmittelbar mit dem
großen Schlosse verbunden[2].

In der Kanzleiordnung vom 18. 4. 1575 sind Kanzlei und Registratur
unterschieden[3]. Zwei Bestimmungen der Ordnung dürften eindeutig beweisen, daß das Kanzleigebäude auch für jene Zeit noch nicht im heutigen
Archivgebäude gesucht werden kann, wie man es bisher tat[4]: 1. sollten
alle Wolfenbütteler Beamten an Sonn- und Feiertagen zu Kirchgängen
auf oder vor der Kanzlei zusammenkommen, in geordnetem Zuge auf
das Schloß gehen und von dort mit dem Herzoge in die Schloßkapelle
ziehen. 2. Der Kanzleiknecht sollte auf und vor der Kanzlei auf der
Treppe, im Windelstein und im Gewölbe alles sauber halten, ebenso den

---

[1] Krusch a. a. O. I S. 296. — Nach der Kirchenordnung von 1569 sollte auch
das Konsistorium seine Sitzungen auf der Kanzlei abhalten. Krusch a. a. O. II
S. 116.

[2] Fr. Thöne a. a. O. S. 17 f., 28, 31 Am. 155. — Vgl. Abb. 1 Ziff. II.

[3] Slg Abt. 40A Nr. 606 Bl. 88. — Hingewiesen sei in diesem Zusammenhange
auf die Verschiedenheit der Geschäftsräume für Kanzlei- und eigene Kammersachen (Bl. 90 v. — Krusch a. a. O. II S. 153). Jene sollten nicht auf der Kanzlei,
sondern im Hoflager in der Heinrichsstadt auf dem neuen Tore (Abb. 1 Ziff. III)
oder in der Apotheke (Abb. 1 Ziff. IV), *wann die nuhn nohttürftig darzu außgebawet,*
verhört und expediert werden. Auf dem neuen Tore hatte z. B. 1575 der ver-
storbene Landfiscal Johann v. Hirstein aus der Kanzlei empfangene Akten hinterlassen (L Alt Abt. 36 III, 5); ob Terminsanberaumungen vom 15. 2. 1577 *in*
der Heinrichsstadt auf dem fürstl. Audienzhause (L Alt Abt. 16 II Nr. 14), vom
27. 6. 1580 *in der Heinrichsstadt in dem Regimente* und 1. 7. 1580 *uff dem Regimente*
(ebda. Nr. 15) dieselbe Örtlichkeit bezeichnen?

Für eigene Kammersachen sollte dagegen die alte Kanzlei auf der Dammfestung beibehalten werden. Auf diese bezogen sich wohl Aufträge vom 17. 10. 1575
und Mai 1578 an Paul Francke zur Holzabgabe für Möbeln und Börte zur Aus-
stattung der Kanzlei (L Alt Abt. 3 Gr. I Nr. 44), und diese ist in einem Akten-
stücke des Sömmering-Prozesses gemeint, wo aufgezählt werden *die bei dem*
Garten gelegene Kanzlei, die Bibliothek, die vordere und hintere Apotheke (O. v.
Heinemann, Das Herzogl. Schloß zu Wolfenbüttel S. 17. — Vgl. A. Rhamm
a. a. O. S. 46).

Über die im Schlosse selbst untergebrachten Verwaltungszweige unterrichtet
ein Schloßinventar von 1581 (L Alt Abt. 1 Gr. 25 Nr. 17), in dem u. a. die Ein-
richtungsgegenstände folgender Räume aufgeführt sind: Bibliothek, [Kammer-
sekretär] Wolf Eberts Registratur; auf der Regimentsstube [Amtskammersekretär]
Heinrich Lappes Registratur; [Grenzsekretär] Probsts Registratur; Regimentsstube; große Registratur und andere große Registratur.

[4] Meier-Steinacker, BuK. S. 142 und zuletzt Th. Voges, Der Tollenstein.
Braunschw. Magazin 1929 Sp. 53.

16

Gang nach dem Schlosse und dem Hause des Großvogtes. Den Dreck sollte er hinunter auf den Mist und nicht in die Oker bringen[1]. Die alte Kanzlei vor dem Schlosse ist zuletzt 1642 unter den damals wüsten Häusern erwähnt[2].

Wenden wir uns nun den Nachrichten über das neue Kanzleigebäude zu. Nach Franz Algermanns, eines Zeitgenossen, Lebensbeschreibung des Herzog Julius[3] ließ der Alchimist Sömmering, der 1571—1574 am herzoglichen Hofe sein Wesen trieb[4], das Kanzleigebäude erbauen. Diese Angabe ist vom Schrifttume weitgehend übernommen[5]. Die ausführlichsten Nachrichten über Sömmering bringt A. Rhamm[6]. Nach seiner Ansicht, die sich auf Angaben älterer Gewährsmänner[7] stützt, hätte Sömmering den späteren Blei- oder Faktorhof an der Kanzleistraße[8], den Grundstock des Archivgebäudes, erbaut, wäre auch vor diesem nachmals hingerichtet. *Letzteres ist offenbar eine Verwechslung, aber ebensowenig das erstere richtig, da der kürzlich aufgefundene Grundstein des Gebäudes die Jahreszahl 1541 trägt.*

Auch hier haben Fr. Thönes Forschungen ein ganz anderes Bild ergeben. Sömmerings Haus lag a u f   d e r   F e s t u n g, also wohl südöstlich des Schlosses in der Gegend des späteren kleinen Schlosses. Das Gebäude des heutigen Staatsarchivs ist vielmehr das der seit 1573 erwähnten hzgl. neuen Schenke und Apotheke (Abb. 1 Ziff. IV). Diese standen auf einem Teile des um 1530 unter Herzog Heinrich d. J. angelegten Vorwerkes, dessen Gebäude in seinem Westende bereits auf Lukas Cranachs Holzschnitt von 1542 sichtbar ist[9]; seine Erdgeschoßmauer ist noch heute im Mauerwerke der Häuser Kanzleistraße 3—5 erkennbar[10]. Der nach Rhamm oben erwähnte „Grundstein", ein über der Tür im Raume 1 des Archivgebäudes nachträglich angebrachter Stein mit der Jahreszahl 1541, kann also wirklich aus einer früheren Bauperiode des Hauses stammen[11].

---

[1] Bl. 92v; Krusch a.a.O. II S. 169 a.E. — Bl. 101. — S. dazu Abb. 1 Ziff. II.
[2] Fr. Thöne a.a.O. S. 28 Anm. 134.
[3] Hs. Herzog-August-Bibliothek Wolfenbüttel. — Abschr. im Staatsarchiv — Druck in: [Fr. K. v. Strombeck], Feier des Gedächtnisses der vormahl. Hochschule Julia Carolina. Helmstedt 1822. — Nach dem Drucke zitiert.
[4] A. Rhamm a.a.O. bes. S. 6, 11, 39f., 45.
[5] Zuerst in Rehtmeiers Braunschw. Chronik Bd. II S. 1016.
[6] In der S. 15 Anm. 1 angeführten Arbeit.
[7] Algermann a.a.O. S. 201. K. Bege a.a.O. S. 54. Th. Voges, Erzählungen aus der Gesch. d. Stadt Wolfenbüttel. Wolfb. 1882. S. 134 Anm. 41.
[8] Eine eingehende Schilderung der reichen, mannigfachen Vorräte des Faktoreihofes i. J. 1582 findet sich bei Algermann a.a.O. S. 204f. — Seine Lage s. Abb. 1 Ziff. V.
[9] Vgl. Meier-Steinacker a.a.O. S. 2.
[10] Fr. Thöne a.a.O. S. 52.   [11] Fr. Thöne a.a.O. S. 53 Anm. 271.

Die 1578 zuerst genannte (Messing-) Faktorei (Abb. 1 Ziff. V) hingegen konnte erst nach Einrichtung der Vorwerke im Osten und Westen der Stadt auf dem Gelände des *Vorwerkes in der Neustadt* eingerichtet werden. Sie war nicht im heutigen Archivgebäude, sondern in einem parallel dazu gerichteten steinernen Hause untergebracht[1]. Zum Ausbau des Kanzleigebäudes kam es erst gegen Ende der Regierungszeit des Herzog Julius und seines seit 1577 durchgeführten großen Bauprogrammes für Wolfenbüttel. Etwa 1588 wurde damit begonnen; in diesem Jahre wurden gegen 120 Schiffe mit Steinen und Kalk, Fensterrahmen, Türen u. a. m. für die neue Kanzlei herangeschafft. Die Bauleitung hatte damals der berühmte Baumeister und Maler Hans Vredeman de Vries, der 1586—1589 für Herzog Julius tätig war[2]. Die Inneneinrichtung des Baues zog sich freilich noch einige Jahre hin, wie wir unten S. 25 sehen werden.

3. *Die Bestände und ihre Ordnung bis etwa 1590*

In der 2. Hälfte des 16. Jhdts. entstanden in Wolfenbüttel weitere Stellen, an denen Akten erwuchsen. Neben die Kanzlei mit dem Haus- und Hofsekretär als Aktenverwalter und den Kammerschreiber (s. oben S. 10 und 14) trat seit dem 13. 1. 1557 das unter der Kanzlei tagende (s. oben S. 16) Hofgericht, dessen Akten der Hofgerichtsschreiber (-sekretär) und sein Unterschreiber verwahrten[3]. Schon in jener Zeit (1559) wurden Akten nach Nürnberg ausgeliehen[4]. Unter der Regierung des Herzogs Julius schwoll die Verwaltung in Wolfenbüttel weiter an. Neben der Rentkammer wurde als deren Unterabteilung eine Buchhalterei unter einem Kammerschreiber eingerichtet[5]. Auch ging ein Teil der Geschäfte von der Kanzlei auf die Kammer (im älteren Sinne) über, was deren Entwicklung zu einer politischen Behörde einleitete, die äußerlich in der Einrichtung eines *neuen Cammergemaches* im Schlosse zum Ausdruck kam[6]. Durch die Kirchenordnung von 1569 wurde bei der Kanzlei ein Konsistorium (Kirchenrat) errichtet, dessen Sekretarius die Akten zu verzeichnen und seine Registratur in Ordnung zu halten hatte[7].

Wie Herzog Julius sich die Gliederung seiner Verwaltung sehr angelegen sein ließ[8], so sorgte er auch für die Ordnung der erwachsenen

---

[1] Fr. Thöne a. a. O. S. 53. — S. Abb. 1 Ziff. IV u. V.

[2] Fr. Thöne a. a. O. S. 45, 50, 52. — H. A. Lier in: Allgem. Deutsche Biographie Bd. 40 (Leipzig 1896) S. 409.

[3] L Alt Abt. 16 Reihe I, 8. — Krusch a. a. O. I S. 293, 299; II S. 140.

[4] L Alt Abt. 36 VI A, 1.

[5] Erwähnt z. B. 1572. L Alt Abt. 3 Gr. I Nr. 44. — Im übrigen vgl. Krusch a. a. O. II S. 49.   [6] Krusch a. a. O. II S. 50.   [7] Krusch a. a. O. II S. 96 ff., bes. 101 f.

[8] Vgl. dazu Krusch a. a. O. II S. 146 f., 149 ff., 151 a. E., 155 ff.

Akten. Zwar ist schon seit 1562 unter Heinrich d. J. ein Kanzleiregistrator (vielleicht als Nachfolger des Haus- und Hofsekretärs in der Aktenverwaltung) nachweisbar[1]. 1567 verfügte Herzog Heinrich die Registrierung der Briefe und Siegel aller Klöster des Landes[2]. Aber erst sein Nachfolger Julius ließ ganze Arbeit machen[3]. Die 1569 eingeführte Reformation ließ die Klöster bestehen, machte es doch aber wünschenswert und notwendig, einen Überblick über deren Urkunden und Akten zu bekommen. Daher wurden, wohl in Anlehnung an die Anordnung Heinrichs d. J. von 1567, in den Jahren 1572/74 der Sekretär und Propst des Klosters Frankenberg Tobias Schonemeyer, der Rat und Propst von Marienberg Matthias Bötticher und der Klosterregistrator Johannes Paurmeister (Bauermeister) beauftragt, die Bestände bei den Klöstern aufzunehmen und ordentliche Klosterregistraturen herzurichten. So geht aus Berichten der Genannten an den Statthalter Wolf Ernst v. Stolberg von 1593 hervor[4], daß Bötticher verschiedene Jahre die Klosterregistratur hatte, infolge von Legationen an den kaiserlichen Hof aber nicht viel daran tun konnte. Immerhin waren er und später Paurmeister je an einer Anzahl von Klöstern tätig, lieferten auch Abschriften nach Wolfenbüttel ein.

Ferner wurde den Kirchen- (Konsistorial-)Räten in Helmstedt am 24.7.1574 befohlen, alle Konsistorialsachen verzeichnen zu lassen und ein Verzeichnis einzureichen, *demnach wir itzo alle unsere Sachen registriren und inventiren laßen*[5].

Den Kammersekretären T. Schonemeyer und Wolf Ewerdes trug Herzog Julius am 27.10.1574 die Sammlung und Verzeichnung der Kammersachen auf. Die übrigen Sekretäre sollten die Akten an den gebührenden Ort legen, die in ihren Händen befindlichen Akten gleichfalls verzeichnen und dem Herzog ein Verzeichnis vorlegen[6]. Ein gleicher Befehl erging 1578 hinsichtlich der Klostersachen, die nach Verzeichnung in die Generalregistratur eingeliefert werden sollten[7]. Diese Arbeit leistete ebenfalls der Kammersekretär Tobias Schonemeyer.

Selbstverständlich enthält auch die schon erwähnte Kanzleiordnung von 1575 eine Reihe einschlägiger Vorschriften. Die in früherer Zeit ge-

---

[1] Krusch a.a.O. I S. 306. — Samse a.a.O. S. 89.
[2] L Alt Abt. 36 II, 3 Bd. III.
[3] Vgl. Krusch a.a.O. II S. 161 ff.
[4] L Alt Abt. 36 II, 13. — Personalien der 3 Genannten s. Samse a.a.O. S. 214, 221, 296.
[5] L Alt Abt. V, 1 Bd. 1. — Das Verzeichnis von 1575 s. L Alt Abt. 36 II, 4.
[6] L Alt Abt. 36 V, 1 Bd. 1. — Verzeichnisse der Grenz-, Jagd- und Hoheitssachen von 1577 s. L Alt Abt. 36 II, 5, von Amts- und Kammersachen von etwa 1580 s. L Alt Abt. 36 II, 6.   [7] Bericht Sch.s von 1593 in L Alt Abt. 36A II, 13.

2*

troffenen Bestimmungen scheinen nicht ausgereicht zu haben und die Aktenbehandlung bei den inzwischen entstandenen Behörden ihre eigenen Wege gegangen zu sein. So wurden für Kammer, Ratsstube und Kanzlei Aktenquittungsbücher eingeführt, bis auf der Ratsstube, Kanzlei oder wo es sich am besten machen würde, *eine sonderliche Repositur oder Registratur zu solchen sachen* eingerichtet würde[1]. Ferner wurde eine Aufnahme der Bestände auf Ratsstube oder Kanzlei und deren Verzeichnung angeordnet; ein Doppel des Verzeichnisses sollte in die Kammer gegeben und nichts ohne Erlaubnis des Herzogs aus den Registraturen genommen werden (Art. 19). Der Kanzleireferent, der Grenz- und der Lehnssekretär erhielten Anweisungen, wie sie ihre Akten durch Heftung, Zählung, Beschriftung und Ablage zu behandeln hatten[2], die dann — ausgenommen geh. Kammersachen — in das Gewölbe und in Verwahrung des Registrators gegeben werden sollten.

Für die Registratur sollte offenbar eine ganz neue Ordnungsgrundlage geschaffen werden[3]. Über alle Handelsbücher, Register und Verzeichnisse sollte der Registrator ein Findbuch mit unterschiedlichen Rubriken aufstellen. Die Bücher sollten mit Weisern versehen werden. Im Registraturgewölbe sollten 2 Schränke (Schappe) für die nach dem ABC in Schachteln gelegten Parteisachen aufgestellt werden und für jede Schachtel ein Spezial-, für jeden Schrank und für alle Schränke des ganzen Gewölbes zusammen ein besonderes Generalinventar angefertigt werden. Die Händel sollten in Carniersäcke verpackt werden, die schwarz für Sachen aus der Zeit Heinrichs d. J., rot und gelb für die aus der Zeit Herzog Julius' sein sollten.

Bei Reisen des Herzogs sollte der Haussekretär oder der Registrator bei der Registratur bleiben (Art. 9).

Über den Verlauf der auch allen Sekretären der Kanzlei aufgetragenen Bestandsaufnahme erfahren wir aus dem Jahre 1577 Näheres. Es war mehrfach befohlen, daß jeder auf der Kanzlei seine Registratur fertigmachen und ein Verzeichnis davon abgeben solle. 5 Sekretäre hatten damals von der „großen Registratur" über die Hälfte bearbeitet[4]; da zwei von ihnen mit auf die Reise gehen sollten, wurden 2 Ersatzleute bestimmt. Nach Rückkehr des Herzogs von einer Reise aus Pommern sollte jeder ein Verzeichnis abliefern. Der Vizekanzler[5] sollte sich durch

---

[1] Slg Abt. 40 A Nr. 606 Bl. 16 v. Art. 17.

[2] Ebenda Rubrik 4 Art. 20. Rubr. 5 Art. 7, Rubr. 6.

[3] Ebenda Rubr. 8 Art. 1—4, 6.

[4] Ein Teil dieser Arbeit dürfte das schon Anm. 62 genannte Inventarium der Grenz-, Jagd- und Hoheitssachen von 1577 sein. — L Alt Abt. 36 II, 5.

[5] Er hatte seit 1553 die Aufsicht über die Kanzlei. — Krusch a. a. O. I S. 288.

Gänge in das Gewölbe vom Fleiße der Sekretäre überzeugen. Auch der Bergsekretär und der Rentereischreiber hatten für ihre Gebiete Verzeichnisse aufzustellen[1].

Das Ergebnis all der angeführten Arbeiten und die Ausführung der Vorschriften in der Kanzleiordnung von 1575 liegt im Generalinventar vom 28.10.1578 vor[2]. Ein Vermerk am Ende des stattlichen Bandes (Bl. 399) besagt, daß 9 Sekretäre alle Briefe und Händel in dem großen Gewölbe unter der Kanzlei in den Schäppen, Schachteln, Repositorien, Karnieren und Kästen, woran sonst fast 8 Jahre lang gearbeitet sei, durchgesehen, geordnet und in das Generalinventar eingetragen hätten. Diese Erklärung ist von den Beteiligten Abel Ruck[3], Eberhard Eggelingk[4], Quirin Daus[5], Heinrich Lappe[6], M. Christoph Wolff[7], Martin Probst[8], Johannes Hahusen[9], Georg Könecke[10] und Andreas Heuneken[11] eigenhändig unterschrieben und mit dem herzoglichen Siegel untersiegelt. In Anhang 1 ist die Gliederung des Generalinventars wiedergegeben (s. S. 118ff.) Die Bestände waren danach in Sachgruppen zusammengefaßt, die in — z.T. mehreren — Schiebladen untergebracht waren. Der Aufbau, ausgehend vom Kaiser u. König über die auswärtigen Staaten, die Kurfürsten, Fürsten und anderen Reichsstände bis zu den übrigen braunschweigischen Fürstenlinien und schließlich den Angelegenheiten des eigenen Landes, dürfte dem Brauche der Zeit entsprochen haben. Die Akten des Konsistoriums befanden sich in einem besonderen Consistorial-Schaff (Anh. 1, Bl. 331), aber eben — im Gegensatze zu Behauptungen unserer Tage — in der herzoglichen Generalregistratur. Die Registratur der geheimen Sphäre, vom Kammersekretär Wolf

---

[1] VO. wie es für den Fall der Heimführung der Prinzessin Sophia Hedwig [durch Herzog Ernst Ludwig von Pommern] auf der Canzlei gehalten werden sollte. — In der Geschäftsverteilung unter die Kanzleigesellen wurden 1578 unterschieden: 1) Kammer-, 2) Justiz- und Partei-, 3) Amts- und Haus-, 4) Hofgerichts-, 5) Grenzsachen (L Alt Abt. 3 Gr. I Nr. 44).

[2] L Alt Abt. 36 II, 7. — Erwähnt auch bei v. Praun, Vorbericht v. 7. 11. 1748 § 12. Über diesen vgl. unten S. 67ff.

[3] Seit 1568 Landreferent, Haussekretär und Referendarius. Samse a.a.O. S. 210.

[4] Seit 1571 Hofgerichtssekretär. Samse a.a.O. S. 219.

[5] Seit 1568 Kanzleisekretär. Samse a.a.O. S. 302.

[6] Seit 1576 Amtssekretär. Samse a.a.O. S. 217.

[7] Um 1575 Bergsekretär. Samse a.a.O. S. 103. 221 („Wulff").

[8] Seit 1574 Grenzsekretär. Samse a.a.O. S. 220.

[9] Seit 1574 Landrentschreiber. Samse a.a.O. S. 207 („Hohausen").

[10] Seit 1574 in der Kanzlei tätig. Samse a.a.O. S. 221.

[11] Hier zuerst erwähnt. 1585 Mitregistrator in der Kanzlei. Samse a.a.O. S.223 („Heinichen").

Hase[1] betreut, wurde in besonderen Schachteln verwahrt, ebenso der Inhalt seines Reisekastens (Bl. 332ff., 348ff., 379). Die Aufbewahrung von Akten in Karnieren und Säcken (Bl. 383ff.) entsprach der oben S. 20 angeführten Bestimmung der Kanzleiordnung von 1575. Der Kasten des Rates und Hofgerichtsassessors Dr. Heinrich Napp[2] (Bl. 393) ententhielt vielleicht aus seinem Nachlasse in die Generalregistratur überführte Papiere.

Aus dem Generalinventar ergibt sich, daß um 1578 in einem gewölbten sicheren Raume bereits eine Sammelstelle für die Schriftstücke aller wolfenbüttelschen Zentralbehörden bestand, soweit sie nicht zum laufenden Geschäftsverkehre benötigt wurden und sich daher als Einzelregistraturen im Gewahrsam und in den Arbeitsräumen der Sekretäre befanden.

Die vielseitige Regierungstätigkeit des Herzog Julius hatte ein erhebliches Anwachsen ihres schriftlichen Niederschlages zur Folge[3]. Diesem wurde auch in der späteren Regierungszeit des Herzoges fortdauernde Beachtung und Fürsorge zuteil. Schon bald nach der großen Generalaufnahme erging am 9.2.1581 ein neuer Befehl, daß jeder Sekretär bis zum Sonntag Laetare [= 5. 3.]. seine Registratur in Ordnung bringen und ein doppeltes Verzeichnis herstellen solle, von denen eins für die herzogliche Kammer bestimmt war[4]. 1581 erhielt der Schottilier Hans Fase den Auftrag zur Anfertigung eines Schrankes (Schapp) mit 24 Schachteln für die Registratur, und 1582 erging an den Bauverwalter Paul Francke die Anweisung, *in unser Cammer-Registratur uf unser Canzlei* noch einen Schrank anfertigen zu lassen[5]. Ein Verzeichnis vom 29.6.1582 zählt die Pergamenturkunden auf, die der Kämmerer Johann Lautitz von der Kanzlei fortgeschafft hatte und die in 2 Laden im Gewölbe nächst der Buchhalterei untergebracht waren[6]. Eine Vermehrung der Wolfenbütteler Akten brachte der Anfall des Fürstentums Calenberg-Göttingen an Herzog Julius nach dem Tode des Herzogs Erich II. im Jahre 1584. Nach einem Bericht vom 28.8.1585 stellte sich bei der Verzeichnung in Münden heraus, daß dort große Unordnung herrschte, *dann die sachen wegen unstettikeit des fürstl. Hoflagers sehr durcheinander gemischt; so ist auch auf die wenigsten Briefe*

---

[1] Bis 1568 im Amte. Samse a.a.O. S. 88, 106f., 211.

[2] Auch zu diplomat. Sendungen verwendet, † Wolfenbüttel 24. 2. 1569. Samse a.a.O. S. 87, 157.

[3] März 1581 Annahme neuer Kanzleigesellen. — L Alt Abt. 3 Gr. I Nr. 44.

[4] L Alt Abt. 36 II, 3 Bd. II.

[5] Ebenda.

[6] Ebenda Bd. III.

der Inhaldt gezeichnet. Die Mündener Akten wurden nach Wolfenbüttel überführt und bildeten hier später das sogen. [jüngere] Communionarchiv[1]. Auch die Akten des alten bis 1586 im Amte gewesenen Großvogts in Wolfenbüttel Karl Cappaun von Zwickau, die in dessen Registratur in der Schreiberei hinten im Hofe des Großvogthauses lagen, wurden im April 1588 verzeichnet[2]. In einer auf Grund eingehender Beratungen bestimmten Dienstanweisung für alle Beamten der Zentralverwaltung in Wolfenbüttel von 1588[3] wurden 3 bestimmte Beamte damit beauftragt, die Kammerregistratur in gehöriger Ordnung zu halten, die Registratur zu verwalten und in dem Gewölbe die Dinge zur richtigen Ordnung zu bringen sowie auch die Gerichtsakten der Kanzlei zu verwalten. Auch ein Inventar der Amtskammerrechnungen von 1572—1589 geht in diese Zeit zurück[4].

4. *Die Registraturbeamten*

Wenn auch schon früher, wie bereits dargelegt wurde (S. 10f.), auf die Urkunden und Akten in Wolfenbüttel Wert gelegt und für ihre Erhaltung Sorge getragen wurde, so ist doch erst seit 1548 ein bestimmter Beamter mit deren Verwaltung betraut: der Haus- und Hofsekretär[5]. Als erster dieser Beamtengattung ist Matth. Lautitz bekannt, der von 1548—1556 tätig war[6]. Ihm folgte Ludolf Halver bis 1562[7]. Seit infolge der Einrichtung weiterer Behörden an mehreren Stellen Akten erwuchsen, hatte jede ihren eigenen Registrator. So bekleidete bei der wichtigsten Behörde, der Kanzlei, dieses Amt Philipp Schmidt 1562—1569, beim Konsistorium seit 1570 Burkhard Beckmann[8]. Wenn in der Kanzleiordnung von 1575 von der in einem Gewölbe untergebrachten Registratur und von einem Registrator die Rede ist (s. oben S. 16), so muß auf Grund einer Nachricht von 1576 angenommen werden, daß die Registratur damals schon für Kanzlei und Hofgericht gemeinsam war. Freilich ist die 1570 begonnene Einrichtung einer Generalregistratur erst 1578 beendet (s. oben S. 21). Wer diese zuerst verwaltete, ist bisher nicht bekannt. Erst 1585 sind Heinrich Scharnhorst als Registrator und Andreas

---

[1] L Alt Abt. 36 VI, A 1. — M. Bär a.a.O. S. 6f.

[2] L Alt Abt. 36 III, 5.

[3] Ob durchgeführt? Nicht vollzogener Entwurf L Alt Abt. 3 Gr. I Nr. 44.

[4] L Alt Abt. 36 II, 5.

[5] S. oben S. 14f.

[6] Samse a.a.O. S. 212, 317.

[7] Samse a.a.O. S. 215, 317.

[8] Krusch a.a.O. I S. 306. — S. oben S. 19 — Samse a.a.O. S. 212, 318 und 219, 317.

Heinrich als Mitregistrator in der Kanzlei nachweisbar[1]. Die von 1587—1589 gültige Bestallung für den Kapellmeister und Kantor Thomas Mancinus zum Kanzleiregistrator[2] hat sich vielleicht auf eine Tätigkeit in der Generalregistratur bezogen. Denn er sollte seine Registratur nach Anweisung des Kammersekretärs verwalten, hatte aber nach dem Entwurfe von 1588 (vgl. S. 23 Anm. 3) auch die Dinge im Gewölbe in die richtige Ordnung zu bringen. Gleichzeitig sind mit ihm Johannes Osterwald als Kammerregistrator und Paul Anethan als Kanzleiregistrator genannt (a. a. O.). Als Generalregistrator ist zuerst ausdrücklich bezeichnet der aus Neustadt a. Rübenberge stammende Lorenz Berckelmann, der seit 1585 im Dienste des Herzogs Julius stand und von 1596—1602 als Kammersekretär auch jenes Amt bekleidete[3].

II.

Das Archivgebäude („Kanzleigebäude") seit 1590

Die frühste Nachricht über die Unterbringung von Archivalien in diesem Gebäude ist das seit langem bekannte Reskript des Herzogs Heinrich Julius vom 10. 2. 1590[4]. An Kanzler und Räte erging darin die Anweisung, dem Bauverwalter Müller die höchste fürstliche Ungnade darüber zum Ausdrucke zu bringen, daß trotz der Befehle des Herzogs und seines verstorbenen Vaters und Zuweisung von Dielen und anderen Baustoffen *die Registratur unter unser newen Canzlei in der Heinrichstadt* nicht gefertigt und die gelieferten Sachen anderweit verwendet seien. Der Bauverwalter sollte nochmals einen Überschlag zu dem hochnötigen Werke machen, damit der Bau *zwischen dies und nächstkünftigen Mittfasten* [= 29. 3. a. St.] fertig würde, und Rechenschaft über den Verbleib der früher beschafften Baustoffe ablegen. Nach dem darauf erstatteten Berichte[5] waren 30 Tischler, 20 Fuder volle und zu den Schiebladen 25 Fuder Futterdielen nötig, um die höchst dringende Arbeit in der vorgeschriebenen Zeit zu bewältigen. Damals sind also

---

[1] Samse a. a. O. S. 223, 226, 318.
[2] Vom 2. 10. 1587. L Alt Abt. 3 Gr. I Julius Nr. 51. — Vgl. Krusch a. a. O. II S. 175f. und neuerdings auch W. Flechsig, Thomas Mancinus. Jhb. d. Brschw. Gesch. V. 2. Folge Bd. 4 (1932) S. 96, 102.
[3] Samse a. a. O. S. 196, 318.
[4] L Alt Abt. 36 IV, 6. — Vgl. Meier-Steinacker, BuK. S. 142.
[5] Kanzler u. Räte an den Herzog vom 22. 2. 1590. — L Alt Abt. 36 IV, 6. Einen Eindruck von der damals getroffenen Einrichtung dürfte Abb. 2 vermitteln.

die später als Hauptarchiv bezeichneten Gewölbe im Erdgeschosse mit der nötigen Einrichtung versehen. Eine Bestätigung der im März 1590 befohlenen Verlegung der auf der Dammfestung befindlichen alten Kanzlei in die Heinrichstadt findet sich im Abschn. 28 des Landtagsabschiedes vom 3. 6. 1597[1].

Ebenso ist die schon (S. 17) erwähnte Verwendung eines Teiles des Gebäudes als Apotheke längst bekannt. Sie war an Matth. Racker verschrieben und wurde ihm am 30. 5. 1590 gekündigt; die Einräumung an den Nachfolger wurde ihm am 12. 6. 1590 befohlen[2]. Am 13. 6. 1590 wurden Cornelius Ernst aus Münden *unsere Wohnung und Gemächer unter unser newen Canzley in der Heinrichstadt, soviel deren zu der Apotheken daselbst bißhero gebraucht worden,* verschrieben. Ernst sollte darin auf eigene Kosten eine Apotheke und Würzkrämerei einrichten[3].

Sehr bald stellte sich aber heraus, daß die Apotheke dort nicht bleiben konnte; sie war *zu beschwerlich in Ratstube und Kanzlei,* und ihr Raum wurde für die Kammer zur Verrichtung der gemeinen Sachen benötigt, damit der Kämmerer auch näher bei der Kanzlei und weil die Kammer auf dem Schlosse in etwas baufälligen Räumen untergebracht war[4]. Der Apotheker Ernst bat im August 1593, ihm die Apotheke in der Kanzlei zu belassen, bis er ein neues Haus auf einer am Markte erbetenen Stätte errichtet habe. Zwar drang man im Mai 1594 entschiedener auf Räumung; Ernst durfte aber schließlich noch bis Weihnachten 1596 bleiben[5].

Die endgültige Übersiedlung aus der alten Kanzlei auf dem Damme scheint sich einige Zeit hinausgezogen zu haben; denn in einem Gutachten von Kanzler und Räten vom 11. 3. 1592 wegen Hofspeisung und Kostgeld heißt es, daß Amtleute, Amts- und Kornschreiber ihre Unterkunft künftig auf der alten Kanzlei finden sollten, *weil dieselbe nunmehr vereumbt wirt.* Am 20. 3. 1592 wurde der Kanzler Jagemann angewiesen, die Räumung der Kanzlei auf dem Damme am Ende der bevorstehenden Ostern [= 26./27. 3.] anzuordnen und dafür zu sorgen, daß *alles und*

---

[1] K. Steinacker, Sammlung der größeren Organisazions- und Verwaltungsgesetze. Holzminden 1837. S. 22. — Vgl. hierzu und zum Folgenden Abb. 1 Ziff. II und IV.

[2] L Alt Abt. 36 IV, 6. — Vgl. S. 17 Anm. 9!

[3] L Alt Abt. 36 IV, 6 (Entw. und eigenhändig unterzeichneter Revers Ernsts). — L Alt Abt. 2 B Nr. 376. — Nach der Niederschrift Wäterlings von 1826 (L Alt Abt. 36 IV, 6) nahm die Apotheke nur *die jetzige Grenzregistratur und die dabei liegende große Stube* ein, die noch immer *das Cammergemach oder die große Archivstube* genannt wurde. — Vgl. K. Bege a.a.O. S. 62. Meier-Steinacker, BuK. S. 142.

[4] Erlaß Hzg. Heinrich Julius' v. 21. 6. 1593. L Alt Abt. 36 IV, 6.

[5] L Alt Abt. 36 IV, 6. Vgl. K. Bege a.a.O. S. 62.

*jedes darvon uff die newen in die Heinrichstadt transferiret werde, wie wir
dan auch gehabt haben wollen, das uff der Canzlei Stuben alda alle Secretarien und Canzleiverwandten teglichs beisamen sein ... sollen*[1].

Seit jener Zeit war das Gebäude Kanzleistraße 3 also der Sitz der
obersten Landesbehörden des Herzogtums Braunschweig-Wolfenbüttel
und barg deren laufende Akten und die Generalregistratur.

Eine stille und trübe Zeit brachte der 30jährige Krieg dem Hause.
Nach der Niederlage seines Oheimes, König Christians von Dänemark,
bei Lutter a. Bbg. 1626 war der schwächliche, schwankende Herzog
Friedrich Ulrich nach Braunschweig entwichen[2]. Das Kanzleigebäude
war verwaist. Aus jener Zeit liegen einige Nachrichten vor. Im August
1642 wurden drei Beamte mit calenbergischen Deputierten nach Wolfenbüttel gesandt, um die Kanzlei- und Registraturgewölbe sowie die zur
Zahlkammer gehörenden Gemächer sowohl auf dem Schlosse als auch
in der Heinrichstadt zu besichtigen, insbesondere um festzustellen, ob
Akten und Urkunden daraus fortgenommen seien. In ihrem Berichte
vom 16.8.1642[3] ist die Besichtigung folgender Räume der Kanzlei geschildert:

1. die Registraturstube,
2. die danebenliegende Kammer,
3. das zur fürstl. Kammer gehörende größere Gemach gegenüber der
   Registratur,
4. die fürstl. Ratsstube,
5. der lange Saal zwischen Ratsstube und Hofgericht,
6. die Kanzlei,
7. die Sekretarienstuben,
8. die Registraturgewölbe.

Über der Ratsstube lagen die Lehnskammer[4] und die Konsistorialsachen. An der großen Kanzleitreppe befand sich — wie noch jetzt —
eine eiserne Tür[5].

---

[1] L Alt Abt. 1 Gr. 25 Nr. 22. — Vgl. Meier-Steinacker, BuK. S. 141.

[2] O. v. Heinemann, Gesch. von Braunschweig u. Hannover Bd. III, S. 75.

[3] L Alt Abt. 36 I, 9. Hierin auch ein Ersuchen Herzog Christian Ludwigs d. d.
Hannover 21. Dez. 1643 um Eröffnung mehrerer *zu behuef des darin vorhandenen
archivi* versiegelter Kanzleistuben.

[4] S. auch Schreiben Herzog Christian Ludwigs v. 2. 4. 1644. — L Alt Abt. 36 I, 9.

[5] Im Schlosse wurde die dort seit dem 16. Jhdt. verbliebene Zahlkammer besichtigt; das Gewölbe der Geh. Kammerregistratur und ein anderes Gewölbe
mit Akten fand man verschlossen. Jenes lag *unter unser eigenem Gemach in bemelter unser Festung* (Schreiben Hzg. Augusts v. 18. 12. 1643. L Alt Abt. 36 I, 9).

26

Nach der Rückkehr Herzog Augusts nach Wolfenbüttel im Jahre 1644 zog in die Kanzlei neues Leben ein[1]. Die Einrichtung wird der vorher üblichen entsprochen haben, soweit nicht die Errichtung und Unterbringung einer neuen Behörde (Klosterratsstube 1674) Änderungen erforderlich machte. Mehrfach erwähnt ist in den Jahren 1652—1660, daß ein Aktengewölbe unter der Hofgerichtsaudienzstube lag[2] und an dessen Eingange sich eine Treppe befand[3].

Als erste Behörde wurde 1732 die Hzgl. Kammer von ihrem alten Sitze fort nach Braunschweig verlegt[4]. Das hat auch Änderungen innerhalb des Kanzleigebäudes zur Folge gehabt. Die ersten genauen Nachrichten über den für Zwecke des Archivs bestimmten Teil des Gebäudes und seine innere Einrichtung sind aber erst aus den Jahren der Neuordnung des Archivs durch den Geh. Justizrat v. Praun überliefert. Dieser hat seinem Berichte über die Beschaffenheit des Hauptarchivs und der Registraturen im Kanzleigebäude vom 5.12.1746 zwei Handrisse über die Einteilung der Archivräume und die örtliche Aufstellung der verschiedenen Bestände im Gewölbe des Hauptarchivs beigefügt[5]. Wie Abb. 3 erkennen läßt, befand sich im Erdgeschosse des Gebäudes ein Gewölbe mit Eingang von der Straße[6], daran schlossen sich die 3 Gewölbe des Hauptarchivs, hieran nach der [Kanzlei-] Straßenseite ein „Vorsprung" [Flur], die Archivstube und — jenseits eines über die noch heute (auf der Kanzleistraße) vorhandene kleine Treppe erreichbaren Durchganges — mit den Fenstern zur heutigen Klosterstraße die ehemal. Kammerregistratur, dahinter eine Stube für 2 Beamte und ein kleines Gewölbe[7]. Von der Archivstube aus führte eine Tür in das nach der Hofseite gelegene damalige Grenzarchiv[8], und von jener durch ein Wendeltreppenhaus getrennt lag eine schmale Stube mit einem Comtoir[9].

---

[1] Nach K. Bege a.a.O. S. 106 kehrte das Konsistorium 1643 in das Kanzleigebäude zurück.

[2] L Alt Abt. 36 I, 9.

[3] Bericht v. 18. 7. 1712. — L Alt Abt. 36 IV, 6. Nach handschr. Zusatz des 19. Jhdts. *jetzt Gewölbe IV.*

[4] Meier-Steinacker, BuK. S. 28.

[5] L Alt Abt. 36 V, 2. v. Prauns eigenhändige Zeichnung von der Einteilung der Archivräume s. Abb. 3. — Nach dem Berichte hatte damals Herzog Karl I. die Absicht, das Hauptarchiv und die übrigen Registraturen aus dem Kanzleigebäude in das Wolfenbütteler Schloß überführen zu lassen. S. auch unten S. 58 Anm. 2.

[6] Wohl die schon erwähnte Eisentür unter der großen Treppe. Meier-Steinacker, BuK. S. 145 Abb. 47.

[7] Im Plane bei Meier-Steinacker, ebenda Abb. 46, die mit 7, 6, 4 und 1—3 bezeichneten Räume. — Einen Blick vom 2. in das 1. Gewölbe bietet Abb. 2.

[8] Vgl. unten S. 70 und auch L Alt Abt. 4 vorl. Gr. 6 Nr. 2662 Bd. 1.

[9] Meier-Steinacker, ebenda, Raum 5 und ohne Ziffer. — Zum Vergleiche

Um diese Zeit begann das Archiv sich auch im Obergeschosse auszudehnen, das durch die nach der Kanzleistraße gelegenen Erker (s. Abb. 4) ja ein ganz anderes Aussehen als heute hatte. 1752 wurde dort eine Kammer für das Archiv eingerichtet, 1753 wurden 3 weitere Kammern mit Regalen versehen[1]. Eine Veränderung des äußeren Bildes erfuhr das Gebäude durch die Beseitigung eines nach der Klosterstraße hin gelegenen achteckigen Turmes und kleinen Erkers, deren Einsturz drohte. Die beiden Aufbauten wurden in den Jahren 1755/56 beseitigt. Nicht unberührt blieb das alte Haus während der Belagerung Wolfenbüttels durch ein französisches Korps unter Prinz Xaver von Sachsen im Jahre 1761. Für Ausbesserungen der durch das Bombardement verursachten Schäden mußten 170 Tlr. 27 Gr. 2 Pfg. aufgewendet werden. Auch einem das Gebäude besonders kennzeichnenden Bauteile, der großen Freitreppe (s. Abb. 4), wurde in jener Zeit eine durchgreifende Ausbesserung zuteil; man vermehrte 1762 die Zahl der Stufen.

Eine eingehende Baubeschreibung des Kanzleigebäudes — so heißt es im allgemeinen seit dem 17. Jhdt. —, aus der auch die Verteilung der

(s. auch Abb. 3) seien die Angaben v. Prauns aus seiner *Nachricht von der neuen Einrichtung des Fstl. Archivs zu Wolfenbüttel. Anno 1748* (L Alt Abt. 36 V, 2 Bd. 2) über die Räume, in denen er Archivalien hatte unterbringen lassen, hinzugefügt. Sie sind für die Kenntnis der älteren Archivbezeichnungen besonders deshalb von Wert, weil die Angaben der Lagerungsorte sich nicht selten in Findbüchern finden und weil um 1840 der Archivrat Dr. Schmidt in Randbemerkungen die zu seiner Zeit geltenden Raumbezeichnungen hinzugefügt hat, auf die noch heute zurückgegriffen werden muß. Auf v. Prauns Anordnung wurden untergebracht:

1. in der sog. alten Archivstube (um 1840: Gewölbe VI) in einigen Schränken die Academica und Allodialsachen;

2. in der sog. neuen Archivstube, dem ehem. Sitzungsraume des Kammerkollegiums (um 1840: Gewölbe VII hinterer Teil), die noch zu ordnenden Akten;

3. in dem an der einen Seite der zu 2 genannten Stube gelegenen kleinen Kammergewölbe (um 1840: Gewölbe VIII) ungeordnete Prozeßakten aus dem Zimmer der Sekretäre;

4. in der Grenz- und ehem. Kammerregistratur, die auf der anderen Seite der unter 2 gen. Stube (mit Eingang linker Hand von der kleinen Kanzleitreppe aus) lag (um 1840: Gewölbe VII vorderer Teil), verschiedene Bestände;

5. in dem kleinen Gewölbe mit Eingang unter der großen Treppe der Kanzlei (um 1840: Gewölbe IV) Prozeßakten und Miszellanea;

6. in der kleinen Kammer neben der alten Archivstube (um 1840: hinterer Teil des Gewölbes VI) Prozeßakten;

7. in einer Kammer im 2. Stock Akten betr. Dannenberg, die Stadt Braunschweig und den 30jährigen Krieg.

[1] Hierzu und zum Folgenden s. L Alt Abt. 4 vorl. Gr. 6 Nr. 2662 Bd. 1. — Im Januar 1789 stürzte die Überdachung der Treppe ein und mußte im Sommer ds. Js. wiederhergestellt werden. Ebd. Bd. 2.

Räume hervorgeht, hat P. J. Meier nach Plänen von 1767 und 1789 gegeben (BuK. S. 145). Ein Vergleich zeigt, daß die Raumverteilung im 18. Jhdt. in der Hauptsache gleich geblieben ist und hinsichtlich des Archivs der um die Mitte des 17. Jhdts. entsprochen hat.

Der ostwärtige Gebäudeteil war nach den Bauakten seit mindestens Anfang des 18. Jhdts. Kanzlerwohnung. Sein Eingang ist noch jetzt zu erkennen[1]. Die Kanzlerwohnung war auf Führung eines großen Hauses eingerichtet. 1743 wurde über der Ausfahrt nach der Klosterstraße das noch erhaltene Portal errichtet; 1765 wurde ein Pferdestall von 7 Ständen gebaut[2]. Für Kutscher und Dienerschaft befanden sich Wohnräume in dem Nebengebäude, das jetzt die Wohnung des Archivhausmeisters enthält.

Das 19. Jhdt. brachte für das alte Behördenhaus mancherlei Umwälzungen und Änderungen. Nach jahrhundertelangem bescheidenem Dasein im Schatten der Justiz stieg das Archiv schließlich zum Hausherrn und alleinigen Bewohner der alten Kanzlei empor. Zunächst stand es freilich noch sehr im Hintergrunde gegenüber den Justizbehörden. Während bis zum Ende der altbraunschweigischen Zeit 1806 und unter westfälischer Herrschaft 1807—1814 der Raum für die Justizbehörden und das Archiv ausgereicht haben dürfte, wurde es nach der Neuordnung des braunschweigischen Behördenwesens immer enger. Seit 1814 hatte das Kanzleigebäude das Landesgericht (seit 1841 „Oberlandesgericht" benannt) und das Kreisgericht Wolfenbüttel, seit 1817 auch das Oberappellationsgericht und die Lehns- und Grenz-Kommission aufzunehmen. So konnte es dahin kommen, daß die Bestände des Archivs sich z. T. in merkwürdiger Gesellschaft befanden. Im sog. Kammergewölbe, das der Aufbewahrung von älteren Aktenbeständen des Archivs diente, befanden sich auch Deposita des Landgerichts und Asservate des ehem. westfäl. Tribunals, z. B. Gewehre, irdene Schüsseln, Säcke u. dgl. Auf Antrag des Archivs veranlaßte der Präsident des Landesgerichts die Fortschaffung der Gegenstände[3].

---

[1] Auf Abb. 4 links (vom Beschauer aus) von der großen überdachten Freitreppe. — Um 1726 hatte die Wohnung der Kanzler v. Lüdecke inne, nach ihm um 1745 Vizekanzler Zenck und von 1754—1773 Geheimrat v. Praun (L Alt Abt. 4 vorl. Gr. 6 Nr. 2663). Von 1778—1790 ist der Kanzleidirektor und Vizekanzler v. Hoym als Bewohner der Kanzlerräume nachzuweisen (ebd. Nr. 2665), vom 1. 11. 1790—1806 Kanzleidirektor Cramer (ebd. Nr. 2663). Besonders unangenehm muß z. Zt. v. Prauns der Aufenthalt gewesen sein; die Ausbringung eines Kanales unter der Kanzlei und dem Markte hindurch nach der Oker machte größte Schwierigkeiten. Der Unrat drang durch die Mauern in den v. Praunschen Keller, und die Hausbewohner befürchteten 1772, den Sommer über *für Gestank nicht bleiben zu können* (ebd.).   [2] Ebd. Nr. 2662 Bd. 1.   [3] L Alt Abt. 36 IV, 1.

Die Raumverhältnisse des Archivs müssen in der 1. Hälfte des 19. Jhdts. überhaupt ziemlich traurig gewesen sein; denn in einem Berichte von 1834 spricht der Archivsekretär Dr. Schmidt von dem *verfallenen Archivlokale, dem eine den Aufenthalt darin erträglich machende neue Einrichtung gegeben werden* müsse. Der Versuch des Archivs, die im Obergeschosse liegende sog. Dannenbergische Kammer mit einem auf der Ostseite des Archivgewölbes belegenen Raume des Oberappellationsgerichtes auszutauschen, wurde von diesem als Hausherrn abgelehnt[1]. Das Gericht konnte seinen einzigen feuersicheren Raum nicht entbehren und vertrat die Ansicht, in 10—15 Jahren müsse doch eine Behörde das Haus räumen; denn das Konsistorium müsse seine Registratur schon in einem Sitzungszimmer des Landesgerichtes aufstellen, und seine Sekretariatsgeschäfte müßten in der Kanzlistenstube mit erledigt werden. Bei Häufung der Termine vor dem Kreisgerichte müßten die Richter entweder aufeinander warten oder die Verhandlungen in den Registraturzimmern vornehmen. Jeder Winkel des Gebäudes sei zur Aufbewahrung von Akten ausgenutzt, und doch reiche der Raum nicht aus. Zur Gewinnung von Platz wurde der Ankauf des als Gerichtsgebäude vorzüglich geeigneten Hauses des Obergerichtsprokurators Julius Scholz vorgeschlagen[2]. Dr. Schmidt machte gleichzeitig den Vorschlag, das sog. 4., von den 3 Gewölben des eigentl. Hauptarchivs durch eine Mauer getrennte und nur durch die Eisentür unter der großen Freitreppe zu erreichende Archivgewölbe (s. Abb. 3 und 4) durch Maueröffnungen mit dem Hauptarchive und dem einzutauschenden Raume zu verbinden. Dadurch sollten wichtige, bis dahin auf Bodenkammern im Obergeschoß gelagerte Akten in neu zu beschaffenden Ständen und Schränken untergebracht werden.

Erst 1839 erhielt das Archiv einigen weiteren Platz, indem ihm das Kanzlistenzimmer des Oberappellationsgerichtes und Bodenkammern der bisherigen Konsistorialregistratur überwiesen wurden[3]. Anläßlich verschiedener Umbauten für die Justizbehörden bat das Archiv im Juni 1845 um Zuweisung eines Arbeitszimmers und von 4 geräumigen Aktenkammern im Mittel- und Obergeschoß[4]. Ehe hierüber eine Entscheidung fiel, ergaben sich aber durch die Justizreform von 1849/50[5]

---

[1] L Neu Abt. 12A (Bd. 5) Nr. 3645.

[2] Bericht Moritz v. 2. 6. 1834 ebd.

[3] L Alt Abt. 36 IV, 6.

[4] L Alt Abt. 36 IV, 1.

[5] Beim Obergerichte wurden ein Cassationshof und ein Schwurgerichtshof gebildet, das Kreisgericht wurde Amtsgericht; außerdem wurden die Oberstaatsanwaltschaft und Staatsanwaltschaft Wolfenbüttel mit dem Dienstsitze im alten Kanzleigebäude neu errichtet. — Über die Justizbauten s. L Neu Abt. 12A (Bd. 5)

weiterer Raumbedarf und die Notwendigkeit einer neuen Raumverteilung. Nach mannigfachen, durch eine Choleraepidemie außergewöhnlich vergrößerten Schwierigkeiten wurde schließlich ein Entwurf des Bauassessors L. Kuhne am 14.1.1851 von der Baudirektion empfohlen, nach dem 1851/53 mit einem Kostenaufwande von 18000 Talern das Gebäude gründlich umgestaltet und ihm seine heutige äußere Form gegeben wurde[1]. Das Gebäude gewann einen gleichmäßigeren, zwar einheitlicher, zwischen den giebelreichen Fachwerkbauten der Stadt aber fremder wirkenden Eindruck. Die noch belassene Überdachung der großen Freitreppe (s. Abb. 4) ist erst später beseitigt[2]. Im Innern des Gebäudes wurden entsprechend dem Kuhneschen Entwurfe gleichfalls nicht unbedeutende Veränderungen vorgenommen[3]. Im Erdgeschosse wurden der westl. Eckturm als kleines Lesezimmer und die nach der Klosterstraße gelegenen Räume zu einem gewölbten Archivgelaß ausgestaltet. Aus der ehemal. Kammerregistratur (s. Abb. 3) wurde eine mit 19 Wappen und einer Inschrift ausgemalte Deckenverkleidung entfernt[4]. Der anschließende, von der kleinen Freitreppe aus zu betretende Flur erhielt ein völlig anderes Aussehen durch Entfernung der Wendeltreppe und der nach den bisherigen Archivräumen führenden Stufen sowie durch Schaffung eines Ausganges mit davorliegender Treppe nach dem Hofe.

Nr. 3645. — Wegen der Umbauten mußte das Archiv im Frühjahr 1851 seine Bestände in das gegenüberliegende Haus des Schankwirtes Hackradt und das Nebengebäude auf dem Kanzleigrundstücke — damals Dienstwohnung des Gerichtsdieners Gerhard — auslagern. L Alt Abt. 36 IV, 6.

[1] Beseitigung der Erker des Dachgeschosses nach der Kanzleistr. zu; Umwandlung des Erkers über der großen Freitreppe in ein Turmgeschoß; Erhöhung des westl. Eckturmes im 1. Geschoß; Angleichung der Fenster des Erdgeschosses aneinander.

[2] Das für die Nische über der kleinen Freitreppe geplante Standbild der Justitia ist nie zur Aufstellung gekommen. — Auf Vorschlag des Oberstaatsanwalts Breymann v. 3. 7. 1852 wurde zwar durch Reskr. v. 22. 7. die Anbringung eines Bildes Herzog Wilhelms in Lebensgröße im neuen Sitzungssaale genehmigt; auf den weiteren Vorschlag, an der Außenseite des Gebäudes eine Marmor- oder Erztafel mit folgender Inschrift anzubringen: *Olim Metallis, nunc Justitias* [sic!]. — *Auspiciis Julii, Ducis Brunsvic. et Lueneb. anno MDLXXII exstructum, jussu Wilhelmi, Ducis Brunsvic. et Lueneb. anno MDCCCLII restauratum* ist nicht eingegangen. Wir können heute sagen: glücklicherweise nicht. Vgl. oben S. 18.

[3] Vgl. Aktenvermerk des Archivregistrators W. Ehlers v. 28. 6. 1851. L Alt Abt. 36 IV, 6.

[4] Farb. Zeichnung mit Randnotiz von Ehlers L Alt Abt. 36 IV, 6b. — Es handelt sich um die im Wappen des Herzogs Heinrich Julius und in dem dänischen Königswappen seiner Gemahlin Elisabeth von Dänemark (OO 19. 4. 1590) enthaltenen Einzelwappen. Die Decke kann also erst nach 1590 angebracht sein. — Vgl. auch Meier-Steinacker, BuK. S. 144.

Nach dem Mittelgeschosse wurde die noch heute vorhandene breite Treppe gelegt. Die bisherigen Archivräume ostwärts des Flures, bes. die ehemal. „Archivstube" (s. Abb. 3), sind offenbar in gleiche Höhe gelegt und wurden zu 2 weiteren, die ganze Gebäudebreite einnehmenden Gewölben von 2 und 3 Kreuzbogen umgebildet. Jenseits (ostwärts) der Archivräume des 18. Jhdts. (= Abb. 3) wurde ein weiteres, mit diesen verbundenes Gewölbe ausgebaut. So nahm das Archiv seit Anfang 1853 das gesamte Erdgeschoß bis auf ein südostwärtiges Durchgangszimmer nach dem anstoßenden künftigen Kreisgerichtsgebäude (heute Loge) ein, und der Archivar Hettling setzte es darüber hinaus durch, daß ihm als Dienstzimmer im Mittelgeschosse der Raum rechts vom Eingange über die große Treppe überlassen wurde. Damit war das Archiv zum 1. Male in jenes Geschoß vorgedrungen. Aber der Platz im Hause reichte zur Übernahme der abgabereifen älteren Ministerialregistratur aus Braunschweig noch nicht aus.

Einen heftigen, langwierigen Streit führte seit 1853 der Archivrat Dr. Schmidt mit dem Kreisbaumeister Müller um die Behältnisse für Urkunden in den neuen Gewölben. Schmidt forderte unter Berufung auf entsprechende Einrichtungen in anderen Archiven und auf die Gutachten von bekannten Fachleuten gestützt die Aufstellung von verschließbaren transportablen Schränken statt der festen Stände mit Holzschiebladen. Nach den späteren, zumal während des 2. Weltkrieges gemachten Erfahrungen möchte man bedauern, daß die hartnäckig verfochtenen Vorschläge des weitblickenden Archivars nicht durchgeführt wurden, sondern daß auf ein Gutachten des Archivars Hettling im Oktober 1855 endgültig entschieden wurde, die vom Baumeister Müller begonnene, heute vorhandene Einrichtung zu Ende zu führen[1].

Der letzte Abschnitt in der wechselvollen Geschichte des Archivgebäudes begann mit den Veränderungen in der Gerichtsverfassung durch die Reichsjustizgesetzgebung von 1877. Der Archivar Konsistorialrat v. Schmidt-Phiseldeck legte dem Staatsministerium ein ausführliches Promemoria vom 8.8.1878 vor, in dem er Gedanken über die zukünftige Benutzung des Kanzleigebäudes, insbesondere über dessen Verwertung für das hzgl. Landes-Hauptarchiv vortrug[2].

Die Kommission zur Ermittelung eines Gebäudes für das zukünftige Amtsgericht habe den Gedanken gehabt, zum bisherigen Kreisgerichtsgebäude[3], das in erster Linie für tauglich befunden sei, einen Teil des Kanzleigebäudes hinzuzunehmen und Türen in der Wand zwischen beiden

---

[1] L Alt Abt. 36 IV, 6. — L Neu Abt. 12 A Nr. 3645.

[2] L Alt Abt. 36 IV, 1a.

[3] Kanzleistr. 4.

Gebäuden anlegen zu lassen. Dagegen wird die Forderung auf Feuersicherheit des Archivs — notfalls deren Herstellung durch Ziehung
einer Brandmauer zwischen dem vom Amtsgerichte etwa benutzten
Teile des Archivgebäudes und den Archivräumen — erhoben und auf
Schließung des unkontrollierten Zuganges für Advokaten im Südosten
des Erdgeschosses vom Obergerichte nach dem Kreisgerichte.

Der Berichterstatter forderte ferner die Schaffung eines eigenen
Archivgebäudes durch Überweisung der Obergerichtsräume an das
Archiv. Das Landeshauptarchiv brauche einen Teil der Räume schon
jetzt dringend, die übrigen demnächst, um in seiner Weiterent-
wicklung nicht gehemmt zu werden. Ein sehr beträchtlicher Teil
des Obergeschosses würde vom Archiv in Anspruch genommen, dessen
Räume große Übelstände aufwiesen. Die Akten stünden z. T. auf dunklen
Dachkammern; die Aufstellung in den Gewölben sei viel zu eng und
dunkel; die Arbeitsräume wären unzureichend nach Zahl und Beschaffenheit.

In einem eingehenden Berichte an das Staatsministerium vom 2. 10.
1878 wies der Geh. Archivrat Dr. Schmidt besonders auf die Raumnot des
Archivs hin. Allein in Dachkammern lägen etwa 20000 Aktenhefte.
Das Archiv habe doppelt so viel Raum wie gegenwärtig nötig.

Das Staatsministerium gab aber im Januar 1879 der Baudirektion
die Anweisung, die Beratungszimmer der Geschworenen und des Ge-
richtshofes, die westl. Hälfte des Schwurgerichtssaales und das daran
stoßende Kabinett des Oberstaatsanwaltes (d. h. den Westteil des Mittelgeschosses) zur Unterbringung des Predigerseminars einzurichten. Trotz
erneuter Vorstellungen des Archivvorstandes blieb das Staatsministerium bei dieser Entscheidung[1].

Im übrigen war seit dem 1. 10. 1879 das ganze Kanzleigebäude bis
auf die Räume des Predigerseminars dem Landeshauptarchiv überwiesen und in dessen Besitz. Da die Räume völlig leer hinterlassen
waren, trat das Archiv ein schweres Erbe an. Der Archivvorstand
v. Schmidt-Phiseldeck erbat daher am 24. 11. 1879 die Herrichtung des
Gebäudes für Zwecke der Archivverwaltung in folgender Hinsicht[2]:

1. Verlegung der Arbeitszimmer der Beamten in das Mittelgeschoß
   (= Abb. 6) (1. Etage), da das Dienstzimmer des Archivvorstandes
   viel zu klein (15 Fuß lang, 10 Fuß breit; mit der erhobenen Hand
   vom Fußboden aus die Decke zu berühren!) und die bisherige
   Archivstube (11) viel zu fuß- und wandkalt, auch schlecht be-
   leuchtet sei. Dafür werden die Räume 13 und 13a des Mittel-

---

[1] L Alt Abt. 36 IV, 1a.   [2] Vgl. zum Folgenden die Abb. 5 und 6.

geschosses[1] und die damit zu verbindenden bisherigen Räume der Oberstaatsanwaltschaft nach der Kanzleistraße vorgeschlagen, in deren Räume 20 und 21 das Dienstzimmer des Archivvorstandes zu legen sei. In diesem und beim Registrator sei je 1 Platz für Archivbenutzer vorgesehen. — Die bisherigen Räume 11 und 12 des Archivs im Erdgeschosse solle man zu einem Raum machen und durch eine Tür mit dem Vorraum zum Gewölbe (1) verbinden, damit ein Aktenraum daraus entstünde.

2. Zur Einrichtung der übrigen Teile des Mittelgeschosses (= Abb. 6) für Archivzwecke wurde vorgeschlagen, aus den Bereichen der Räume 15 a, 15 und 16[2] und 17, 18 und 19[3] durch Fortnahme der Zwischenwände größere Räume zur Aufstellung von Regalen für Akten zu machen. Die restlichen Zimmer seien zu klein und hierfür zu wenig von Nutzen.

3. Im Dachgeschosse seien die Kammern unter den Dachziegeln zu räumen. Nur das Zimmer über dem Turm der großen Freitreppe und ein anderes Zimmer seien ausreichend; jedoch müsse auch bei diesen auf die Brandgefahr hingewiesen werden.

4. Da die Archivverwaltung nach dem Umbau des Kanzleigebäudes von 1850 einen Teil des ihr überwiesenen Erdgeschosses, insbes. die Räume 3, 2, 9 und 10 des Planes (= Abb. 5)[4], ohne ordnungsmäßige innere Einrichtung habe übernehmen müssen, sei diese nunmehr zu vollenden und zu vervollkommnen. Die Gewölbe seien inzwischen überfüllt. Während ihrer Neueinrichtung könnte ihr Inhalt vorübergehend in den freigewordenen Räumen des Obergeschosses untergebracht werden. Für die Räume 2—6[5] seien zur Unterbringung von Urkunden flache und breite Schiebladen anstatt der schmalen und tiefen, nur zur Aktenverwahrung geeigneten Behälter erwünscht.

Die Ziehung einer Brandmauer zum Nachbargrundstück sei bereits angeordnet. — Die Kosten für die übrigen Arbeiten wurden auf 20 000 Mark veranschlagt, ihre Dauer — vorausgesetzt, daß 1880 nach Vollendung des im Bau begriffenen Amtsgerichtsgebäudes mit der Räumung des früheren Kreisgerichtsgebäudes begonnen werden könne — wurde auf die Jahre 1880—1882 berechnet. —

---

[1] Bis dahin Sekretariat des Obergerichtes.

[2] Bis dahin Schreiberei und Präsidentenzimmer des Obergerichtes.

[3] Bisher Sitzungs- und Beratungszimmer des Obergerichtes mit dazwischenliegender Garderobe.

[4] Nach der im Archiv befolgten Zählung die Gewölbe 4, 5, 7 und 8.

[5] Gewölbe 1 bis 5.

Die Vorschläge wurden durch Reskript des Staatsministeriums vom 6.4.1880 grundsätzlich genehmigt und vom Archiv am 13.4.1880 der Baudirektion zur Begutachtung und Aufstellung eines Kostenanschlages vorgelegt[1].

Die Baudirektion billigte den Vorschlag zu 1; als Zugang von den Arbeitszimmern zum Erdgeschoß sollte die vorhandene Wendeltreppe benutzt werden. Der Vorschlag zu 2 wurde als technisch durchführbar bezeichnet, freilich böte er keine Feuersicherheit. Zu 4 hielt die Baudirektion es für besser, die Räume 1, 11 und 12 mit den Gewölberäumen 2—8 durch Einwölbung in gleichen Zustand zu bringen und diese damit bis zum neuen Brandgiebel durchzuführen. Die Gesamtkosten wurden auf 21 000 Mark für bauliche Einrichtung und 21 100 Mark für Vervollständigung der inneren Einrichtung veranschlagt.

Das Archiv berichtete am 17.9.1880 in diesem Sinne sein Einverständnis an das Staatsministerium, das in einem Reskript vom 31.5.1882 dem Archiv eröffnete, die Baudirektion sei nach Genehmigung der Kosten durch die Landesversammlung mit der Durchführung der Bauarbeiten und den erforderlichen Anschaffungen beauftragt.

Damit erhielt das Archivgebäude seine innere Einrichtung, wie es sie noch heute hat.

Vom Mai 1902 bis 1909 hatte schließlich der Archivrat Dr. Zimmermann noch einen Kampf um die vom Predigerseminar benutzten Räume durchzufechten, bis auf seine immer neuen Vorschläge zu dessen anderweiter Unterbringung durch Reskript des Staatsministeriums dem Predigerseminar ab 1.10.1909 Räume im ehemal. Kreisdirektionsgebäude überwiesen wurden. So konnte 1913 als letzter Raum die ehem. Bibliothek des Predigerseminars (vorher Geschworenenzimmer) für Archivzwecke eingerichtet werden.

III.
Von der Generalregistratur zum Archiv
(1590—1742)

1. *Name und Unterstellung des Archivs*

Wie im ersten Abschnitte schon ausgeführt wurde, waren die Geschicke der Wolfenbütteler Archivalien im 16. Jhdt. eng mit dem Geschäftsbetriebe und der Unterbringung der Kanzlei, zeitweise auch mit der Kammer im älteren Sinne, verbunden. Die bei dem allmählich an-

---

[1] Hierzu und zum Folgenden s. L Alt Abt. 36 IV A, 1.

wachsenden Schriftverkehr ständig größer werdenden Bestände hatten um so weniger Platz in den eigentlichen Behördenräumen, den Sitzungszimmern der Kollegien und den Schreibstuben der Sekretäre. Die *Generalregistratur* wird daher fortgesetzt an Umfang zugenommen haben, wie man aus der Dringlichkeit der Einrichtung im heutigen Gebäude (s. oben S. 24) wohl schließen darf.

Etwa mit Beginn des 2. Viertels des 17. Jhdts. scheint die personelle Verbindung mit der Kammer im älteren Sinne gelöst zu sein. Seit der Amtszeit des Registrators Stisser besteht der enge Zusammenhang mit der Justizkanzlei.

Die Generalregistratur oder meist kurz Registratur genannte Aufbewahrungsstelle des Schriftgutes der wolfenbüttelschen Zentralbehörden behielt diese Bezeichnung bis weit in das 17. Jhdt. hinein. Soweit sich bisher ermitteln ließ, ist zuerst in einem Schreiben des Herzogs Christian von Celle an Herzog Friedrich Ulrich vom 28.1.1630 die Bezeichnung wolfenbüttelsches *Archiv* gebraucht[1]. In der eigenen Verwaltung findet sich die Bezeichnung *fstl. Registratur und Archiv* zum ersten Male in einem Berichte des Registrators Hermann Lawe an Herzog August d. J. vom 10.2.1636 und in einem Schreiben des Herzogs an den Festungskommandanten in Wolfenbüttel vom 11.2.1636. In einem Berichte vom 10.4.1636 spricht Lawe von *diesen fürstl. Archivis*. Im Erbvergleiche von Braunschweig vom 14.12.1635 (Art. 11) sind Vereinbarungen über das *fürstl. hinterlassene Archivum* getroffen und Einzelheiten über das *alhie* [d.h. in Braunschweig] *wie auch zu Wolfenbüttel vorhandene Archivum* bestimmt[2].

Aber gleichzeitig wird auch die Bezeichnung Registraturgewölbe[3] oder Registratur[4] gebraucht. Erst nach 1670 wurde die Bezeichnung Archiv zur Regel.

Wie schon aus den Amtsbezeichnungen und den Hauptämtern der im Archiv tätigen Beamten der Zeit seit etwa 1670 hervorgeht, war dieses mit der Bearbeitung der Lehnsangelegenheiten in der Ratsstube oder Justizkanzlei eng verbunden. Man könnte das Archiv während dieses Zeitabschnittes nach heutigen Begriffen als eine Abteilung oder ein Sachgebiet der Justizkanzlei bezeichnen.

---

[1] L Alt Abt. 36 I, 9. Hierin auch die drei weiter genannten Berichte.

[2] Landsch. Bibl. Nr. 85 Bl. 8. — Die Bezeichnung Archiv ist im Rezesse vom 16. 1. und 9./19. 4. 1642 angewandt (ebd.), ferner z.B. 1643 (2mal L Alt Abt. 36 I, 9), 1644 (L Alt Abt. 36 II, 3 Bd. 2), 24. 9. 1661 (L Alt Abt. 36 I, 9) u.ö.

[3] So am 11. 2. 1636 (L Alt Abt. 36 I, 9); 13. und 16. 8. 1642 (ebda.), 1661 (Bestallung Schade L Alt Abt. 36 V, 1 Bd. 1).

[4] So am 10. 4. 1636 (L Alt Abt. 36 I, 9) und 25. 11. 1665 (L Alt Abt. 36 VI, A 2).

2. Die Bestände und ihre Ordnung

Über die Arbeiten an der Generalregistratur seit 1578 ist nichts bekannt. Lediglich ein Inventar der Kammerregistratur aus der Regierungszeit des Herzogs Heinrich Julius (1589—1613) ist erhalten[1]. Die nach dessen Ableben folgenden Jahrzehnte, die Zeit des 30jährigen Krieges, ließen es zu friedlicher Tätigkeit nicht kommen. Vielmehr brachten die Besetzung Wolfenbüttels durch die Dänen 1626—1627 und die kaiserliche Besatzung von 1627—1643 mancherlei Gefahren und Verluste für die nach Fortgang der Behörden nach Braunschweig (s. oben S. 26) ohne Schutz gebliebenen Archivbestände mit sich. Zwar hatte man 1627 bei Verlegung der Kanzlei nach Braunschweig einen Teil des Wolfenbütteler Archivs in das Kapitelhaus des Blasiusstiftes gebracht[2], das später wie die seit dem 15. Jhdt. in der Sakristei von St. Blasius verwahrten Archivalien ebenfalls Communionarchiv genannt wurde; die meisten Bestände waren aber zurückgeblieben. Am 2.2.1630 konnte Herzog Friedrich Ulrich seinem Vetter Christian v. Celle auf dessen Aufforderung, die das Gesamthaus betreffenden Sachen nach Celle oder Braunschweig in Sicherheit zu bringen, nur antworten, er sei dabei, vom Archiv *die fürnembste Stücke* nach Braunschweig schaffen zu lassen, bis sich die Zeiten änderten. Im Mai 1635 wurden die Kanzlei (-Registratur) und das Archiv versiegelt. Immerhin war es trotzdem möglich, daß Herzog August d. J. sich in der Zeit vom 12.1. bis 18.2.1636 mehrere Sendungen aus der Registratur nach Braunschweig kommen ließ, über deren Empfang er meist eigenhändig mit der Zusicherung quittierte, den Registrator wegen der Auslieferung der Sachen schadlos halten und schützen zu wollen[3].

Die allgemeinen politischen Verhältnisse dieser Jahre wirkten sich in der Folgezeit auch auf die Bestände des Wolfenbütteler Archivs aus. Sie begannen für Braunschweig-Wolfenbüttel eine ungünstige Wendung zu nehmen mit dem Verzicht des Herzogs Christian auf das seit 1566 von braunschweigischen Herzögen regierte Bistum Halberstadt, das 1627 dem 2. Sohne des Kaisers, Erzherzog Leopold Wilhelm, übertragen worden war. Einen noch schwereren und unmittelbaren Verlust bedeutete die Zurückgabe des sog. großen Stifts Hildesheim, die Kurfürst Ferdinand als gleichzeitiger Bischof von Hildesheim auf Grund des Reichskammergerichtsurteils vom 7./17. Dezember 1629 erreicht hatte[4]. Diese Ereignisse hatten zur Folge, daß im Februar 1636 mehrere Einbrüche in das Wolfen-

---

[1] L Alt Abt. 36 II, 9.
[2] Vgl. Aufschrift des Archivsekretärs Wäterling auf L Alt Abt. 36 I, 8.
[3] L Alt Abt. 36 I, 9.
[4] O. v. Heinemann, Gesch. von Braunschweig und Hannover Bd. III S. 78f.

bütteler Archiv geschahen, über die der Registrator Hermann Lawe am 10. und 11.2.1636 an Herzog August d. J. ausführlich nach Braunschweig berichtete[1]. Am 8.2. drangen angeblich kurkölnische Kommissare in die auf Befehl des kaiserlichen Kommandanten der Festung Wolfenbüttel geöffneten Archivräume ein und hielten sich 2 Stunden darin auf. Ob sie etwas fortgetragen hatten, war nicht festzustellen. Am nächsten Tage drang der stifthalberstädtische Kanzleisekretär Carpe in das Registraturgewölbe, suchte fast den ganzen Tag darin herum und trug unter seinem Mantel irgendwelche Sachen davon. Am 10.2. morgens um 7 Uhr begab sich Carpe abermals in das Registraturgewölbe, ... *und darin biß abends zun 4 Uhr in perlustrirung allerhand Sachen continuiret, biß ihn etwa in die Lenge der Hunger und Kälte genötigt, daß er mit ein guet Particul Sachen untern Arm gefaßet ... wieder davon gangen. Und wie ich im Herabgehen zu ihm sagte, das er gar zu fleißigk bey diesem Handell wehre, sagte er: ja, die Arbeit wehre sehr beschwerlich. Daruff andtwortete ich ihm: ,,Ja, nicht allein sehr beschwerlich, sondern auch sehr gefehrlich." Dagegen begegnete er mihr mit diesen Worten: das ließe er dem Hern Commendanten verandtwortten.*

Sonst wie er in der Haupt Registratur und gewelbe etwa umb 12 Uhr, und die Thür zum fordern Gemach offen gelassen wahr, schlich ich einmahl hinein und befand, das er dahinden am Tisch saß und etzliche pergamen Brieffe mit angehengten blechern und auch höltzern Capsseln oder Büchsen laß und im furdern Gemach 7 ½ Maltzsecke voll wie auch eine große Rustkasten, item eine lengliche Laden oder Cobert, dan auch sonst noch eine lengliche Lade mit brieflichen Uhrkunden und Sachen angefüllet, in Bereitschafft sieder vergangenen Sommer hero stehend, hatte. Waß sie nun damit im Sin oder fürhabens und ob die auch übervörig vielfaltigk schon herausgenommene Sachen auch fort sollen, kan ich nicht wißen.

Und sein die Sachen überall im fordern Gemach — Gott magk wißen, wie es im Gewelbe beschaffen — so confundiret und durcheinander übern Hauffen geworffen, daß eß zu bejammern.

Heut den 11ten hat mehrgemelter Carpe sich wieder angefunden, einen, etwa deß von Metternich[2] etc., Lacqueien mit sich pracht, der aber sopalt mit einer Dragt wieder abgefertiget, nachgehendß die Lehncammer ufgerandt und uff selbiger biß zu 11 Uhr mittagß geblieben, daselbst er, Carpe, auch neben dem Vogten von Schwichholdt mit etzlichen Sachen auch gefolget. In

---

[1] L Alt Abt. 36 I, 9.

[2] Wohl der kurmainzische Rat und Domherr Joh. Reinhard v. Metternich. Vgl. Boettcher, Halberstadt im 30jährigen Kriege. Heft 1. Sonderabdr. aus d. Zschr. d. Harzv. f. Gesch. u. Altertumskde. 1914. Wernigerode u. Halberstadt 1914. S. 45.

Summa: es wirdet in Eur fstlr. Registratur, alß wen sie Jedem gleich zum Raube und Preiße außgestalt, gebehret.

Ich für meine wenige Persohn kan anders nicht abnehmen, alß das nicht alleine semptliche Sachen aller eröberten Hildeßheimischen Stifts geist- und weltlichen Öhrter und Plätze, sondern auch sonst aller andern Stift und Clöster Sachen, auch was ihnen über das dienet von den Hildeßheimischen etc., von Herrn von Metternicht bevolmechtigten Carpen aber alle Stiftß Halberstädtische und der Graff- und Herrschaften Hohn- und Reinstein etc. concernirende Händel überall wegkgenohmen werden sollen, gestaldt ich dan solches zum Theil an denen von der Lehn-Cammer genohmenen Sachen verspüren können. Eß ist leider! zu erbarmen, das solche Gesellen über solche fürnehme, ja viele geheime Reichß-, Creiß-, Grenitz-, Land-, Ampt-, Cammer-, Bergk- und Closter- etc., auch andere frstl. Correspondentz-Sachen, daran nicht allein die uhralte höchstlöblich fürstliche Heuser Braunschweig-Lüneburg etc. und die einvorleibte Graff- und Herrschaften, sondern auch andere höchst, hoch und niedrige Heupter mercklich interessiert, freyen unvorhinderten Paß und Zulauf haben müßen[1].

Noch am Eingangstage dieses Berichtes aus Wolfenbüttel vom 11.[2] 1636 ging eine Beschwerde Herzog Augusts an den Kommandanten über das Eindringen und die Fortschaffung von Sachen ab mit der Forderung, daß diese wieder herangebracht würden. Der Kommandant antwortete dem Herzog am 13.2.1636, das fürstl. Archivium(!) sei nicht auf des Kurfürsten von Köln, sondern auf Anordnung des Kaisers geöffnet; eine Kopie des Befehles könne er übersenden. Er habe den Befehl erhalten, die Sachen betr. das Stift Halberstadt ausfolgen zu lassen. Der Herzog unterrichtete daraufhin am 16.2. auch seinen Vetter August d. Ä. in Celle[2].

Am 17. und 18.3.1636 setzte aber der halberstädtische Sekretär Johann Carpe seine Arbeit fort. Lawe berichtete am 10.4., C. habe wieder 8 Tragkisten voll fortbringen lassen. Die starke eiserne Tür zu den Gewölben der

---

[1] Auf diese Vorgänge, die offenbar irrtümlich in das Jahr 1635 verlegt wurden, dürften sich die Ausführungen des Archivars Schade in einem Berichte vom 8. 11. 1669 beziehen: *Über das het es auch die Bewandtnüß mit dem fürstl. Archivo alhier, daß leider! daßelbe anno 1635 von der keyserl. Guarnison mit Gewalt feindlich eröffnet und dieselbe nicht alleine, was darin von Hildesheimischen Acten und Urkunden befindtlich gewesen, mit großen Dragkisten herausgenommen, sondern damahlen ein ider nach Gefallen darin gegangen und hat daraus weckgetragen, was und wieviel er nur gewolt, welches dan zum theil den Gewürtz-Krämern zu Tuten verkauft und zum theil Reuter und Soldaten Patronen daraus gemachet haben, wie solches dan vielen alten guten Leuten alhier annoch woll und satsahm bekandt ist.* — L Alt Abt. 36 VI, A 2.

[2] Hierzu und zum folgenden Abs. vgl. L Alt Abt. 36 I, 9.

fürstl. Registratur sei erbrochen und aufgeschlagen und von den Eindringlingen mit einem anderen Schloß versehen, wozu sie den Schlüssel hätten. Lawe hatte gehört, daß Herzog Georg als General des Niedersächsischen Kreises *woll die Gegenschantz bey Cuhr Cölnischen bischöfl. Hildesheimbschen Kirchenarchivo fürnehmen und alleß genzlich, waß vorhanden, abführen lassen müchten, welches aber bey weitem mit den fürstl. Archivis und darauß schon so heuffigk weggenommenen Sachen garnicht zu vorgleichen noch damit . . . zu ersetzen sein wollen.* Lawe riet daher von Vergeltungsmaßnahmen ab, damit nicht noch zu größerem Unheil Ursache und kein Anlaß gegeben würde, auch die im vorderen Gemache des Gewölbes stehenden großen Rüstkasten, 2 Laden und 7½ großen Malzsäcke fortzunehmen.

Die im Jahre 1636 einsetzenden Maßnahmen zur Aufteilung von Wolfenbütteler Archivalien sollen unten in einem besonderen Abschnitte im Zusammenhange dargestellt werden (s. S. 109ff.).

Die wirren Verhältnisse in Wolfenbüttel schienen im Jahre 1641 ein Ende finden zu sollen. Nach dem Tode Herzog Georgs von Lüneburg (April 1641) suchte Herzog August d. J. durch seine schon begonnenen Verhandlungen endlich in den Besitz seiner Hauptfestung Wolfenbüttel zu gelangen. Die regierenden braunschweigischen Herzöge der anderen Linien schlossen sich ihm an, und es kam am 16.1.1642 in Goslar zum Friedensschlusse mit dem Kaiser[1]. Nach den getroffenen Vereinbarungen sollte der Kurfürst von Köln das ihm 1629 zugesprochene Bistum Hildesheim erhalten, Herzog August d. J. die Stadt Wolfenbüttel mit dem Zeughause, der Kanzlei und dem Archiv zurückbekommen[2]. Der Goslarer Friede wurde durch den Braunschweiger Rezeß vom 9./19.4. 1642 erweitert und bestätigt[3]. Im Art. 25 dieses Rezesses wurde dem Herzog August die Wiederherstellung des Wolfenbütteler Archivs (wie im Art. 9 dem Kurfürsten von Köln die des bischöfl. hildesheimischen) ausdrücklich zugesichert[4].

Im Juni 1642 konnte immerhin daran gedacht werden, die herzogliche Verwaltung wieder in Wolfenbüttel arbeiten zu lassen. Es wurden Maßnahmen zur Sicherung ihrer Akten getroffen. Die zur Verpflegung der Festungsgarnison verordneten Kommissare erhielten den Auftrag, die

---

[1] O. v. Heinemann a.a.O. S. 98f.

[2] Rehtmeier, Braunschw.-Lüneburg. Chron. III S. 1433. — Die Räumung Wolfenbüttels war zwar für August 1642 vereinbart, fand aber erst am 13. 9. 1643 zögernd statt. O. v. Heinemann a.a.O. S. 100.

[3] O. v. Heinemann a.a.O. S. 98f.

[4] Abschr. 17.Jhdt. in Ldsch. Bibl. Nr. 85. — Vgl. Notiz Wäterlings in L Alt Abt. 36 I, 9 am Ende.

Kammer- und Kriegsregistratur in der Behausung der Gebrüder W. Ph. und A. G. Eberding (Hofgerichtsassessor bzw. Sekretär in Lüchow) unterzubringen, sobald diese von der Einquartierung geräumt war.

Wenig später, am 13.8. 1642, wurden der Kloster- und Amtssekretär Berthold Ritter, Kammermeister Andreas Reiche und der Kammer- und Lehnssekretär Julius Berckelmann[1] beauftragt, gemeinsam mit calenbergischen Deputierten *die fürstl. Canzley und Registratur-Gewölbe* sowie die zur fürstl. Zahlkammer gehörenden Gemächer im Schlosse und in der Heinrichstadt zu besichtigen und dabei besonders darauf zu achten, ob im allgemeinen die Urkunden und Akten noch darin vorhanden wären oder ob etwas davon fortgenommen sei[2].

Der Bericht dieser Kommission vom 16.8.1642 enthüllte ein recht trauriges Bild. Sie war zuerst zur Kanzlei gegangen, hatte die Registraturstube durch einen Kleinschmied öffnen lassen und etliche Kisten und Säcke mit Briefen und Schriften darin vorgefunden. Der anwesende Kanzleiknecht berichtete ihr über die oben geschilderten Vorgänge des Jahres 1636. Auf der Erde lag ein großer Haufen Bücher, Akten und Briefe durcheinandergeworfen und aufgeschüttet, ebenso in der Kammer daneben. Diese Unordnung sollte entstanden sein, als beim Anschwellen des Wassers der von den Belagerern 1641 gestauten Oker[3] auf Befehl des Festungskommandanten die Registraturgewölbe eilig hatten ausgeräumt werden müssen, weil sie zur Aufschüttung des Proviantgetreides gebraucht wurden. Man hatte dabei den größten Teil der Akten von den Tischen, aus den Schränken, Schiebladen und aus den Regalen fortnehmen und zur Rettung und notdürftigen Verwahrung so übereinanderwerfen müssen.

Nach der Öffnung der eisernen Tür an der großen Kanzleitreppe und der Tür zur Registraturstube stellte man fest, daß die Schränke und Schiebladen leer waren, *auch von Mehl nichts mehr gewesen.* Dies war auch gegenüber der Registratur in dem zur Kammer gehörenden Gemache der Fall; auch dort war *alles über und über geworfen und verschüttet.* Ebenso sah es in der fstl. Ratsstube aus. In der Kanzlei und in den Stuben der Sekretäre hatte man alles in Haufen zusammengetragen und durcheinandergemischt. In zwei Räumen über der Ratsstube fand man keine so große Unordnung. Die Ratsstube selbst, das Hofgerichtszimmer und den langen Saal [= Flur] dazwischen konnte die Kommission nicht untersuchen, da die Räume nach Angabe des Dieners des Proviantkommissars mit Getreide beschüttet waren.

---

[1] Vgl. Samse a.a.O. S. 233, 197 und 236.

[2] L Alt Abt. 36 II, 3 Vol. II.

[3] Vgl. H. Voges, Der Schwedendamm bei Wolfenbüttel, Br. Mag. 1924 Sp. 33.

Auch im Schlosse hatte es böse ausgesehen. Die Schränke, Kästen und Börte in der Zahlkammer waren leer, die Akten auf dem Boden zuhauf geworfen. Der Amtsschreiber des Residenzamtes hatte alles nur notdürftig aufnehmen und fortlegen lassen. Zum Gewölbe der geheimen Kammerregistratur hatten die Kommissionsmitglieder keinen Zutritt, weil der Festungskommandant Pulver hatte hineinlegen lassen; in den gegenüberliegenden Gewölben waren Kisten und Schränke aufgeschlagen und ihr Inhalt auf die Erde geworfen.

Nach der Besichtigung wurde das Archiv versiegelt.

Diesen Feststellungen der Kommission ist Rechnung getragen im Rezeß über die Räumung der Festung Wolfenbüttel und Rückgabe des Stiftes Hildesheim, abgeschlossen zwischen kaiserlichen Subdelegierten und den braunschweigischen Räten am 27. 9./7. 10. 1642 in Braunschweig. Nach seinem Art. 16 sollte das Archiv des Stiftes Hildesheim den Kaiserlichen, das Wolfenbütteler den Braunschweigern übergeben werden. Weil sich aber das Wolfenbütteler Archiv in solcher Verwirrung befand, daß man dessen fehlende Bestände nicht angeben konnte, und nicht allein Sachen herausgenommen, sonden auch Kisten und Säcke zum Abtransport verpackt und versiegelt gefunden waren, wurde verabredet, das Archiv beim Abzuge der kaiserlichen Besatzung gemeinsam zu versiegeln und später durch beiderseitige Deputierte besichtigen und das Fehlende feststellen zu lassen. Die kaiserlichen Delegierten versprachen, alle diejenigen, die seit 1636 das Archiv *berührt, perlustrirt, sich dessen angemaßet* oder sonst etwas darüber wissen könnten, in Gegenwart der Braunschweiger eidlich über etwa in andere Hände oder Orte gekommene Archivalien zu vernehmen. Die auf diese Weise oder sonst ermittelten Stücke sollten dem Herzoge von Braunschweig zurückgegeben werden[1].

Wegen dieser Abmachungen wurde innerhalb des herzogl. Gesamthauses Schriftwechsel geführt; Herzog August d. J. bezeichnete in einem Schreiben an seinen Vetter Friedrich von Celle am 15. 10. 1642 den Schaden am Archiv als nicht so bedeutend wie die s. Zt. von den Schmalkaldenern verursachten Verluste. Es schien, als ob die Räumung von Wolfenbüttel durch die Kaiserlichen aufgehalten würde, wenn man auf der Wiederherstellung des Archivs bestand. Der Herzog befürchtete, umständliche Ermittlungen der Täter würden seine Absichten vereiteln. — Herzog Christian Ludwig von Hannover ließ die kaiserlichen Delegierten am 17. 10. 1642 wissen, er gäbe zwar seinen Rechtsanspruch auf völlige Wiederherstellung des Archivs nicht auf und sei nicht verpflichtet, *ein*

---

[1] Dieses und die beiden folgenden Absätze nach auszugsw. Abschr. und Notizen des Archivsekretärs Wäterling von 1818 über die Schicksale des Archivs im 30jähr. Kriege. L Alt Abt. 36 V, 4 am Ende.

chaos et confusam massam pro Archivo ufzunehmen. Aber er wolle keine Bedingung der Übergabe Wolfenbüttels daraus machen, verlange indessen die zugesagte eidliche Vernehmung aller Personen, die über das Schicksal des Archivs etwas wissen könnten. In diesem Sinne schrieb er auch am gleichen Tage nach Wolfenbüttel.

Der Art. 16 des Rezesses vom 27.9./7.10.1642 wurde wörtlich als Art. 15 in den Hauptextraditionsrezeß wegen Hildesheim und Wolfenbüttel vom 17./27. April 1643 aufgenommen.

Aber die schönen Versprechungen standen offenbar, trotz der durchgeführten Zeugenvernehmungen, nur auf dem Papiere. Denn schon am 18.4.1643 berichtete Heinrich Brandes[1] aus Wolfenbüttel an Herzog August, daß das fstl. Archiv, *so alhie auf E.f.G. Residentz-Hause vorhanden* und vor einem Jahre versiegelt sei, wieder von Soldaten geöffnet wäre, die uralte fürstl. Verträge und andere Originalia daraus entfernt hätten. So habe er am Tage zuvor von einem Soldatenjungen etliche für 3 Mariengroschen gekauft, der [kaiserliche] Festungskommandant habe versprochen, daß künftig derartige Zwischenfälle verhütet werden sollten[2].

Die schon früher getroffene Feststellung[3], daß sich in den Akten keine Spur von einer Wiederherstellung des Archivs fände, sondern daß man es so hätte nehmen müssen, wie die kaiserliche Besatzung es bei ihrem Auszuge hinterließ, muß als zutreffend angesehen werden. Und die schon 1627 vom Kaiser Ferdinand II. an Herzog Friedrich Ulrich gerichtete Drohung, er wolle die Archive des Herzogs — wie es in Mecklenburg geschehen war — durchsuchen lassen, um den Gang der Verhandlungen des auf dänischer Seite stehenden Herzogs mit den Reichsfeinden zu erforschen, wird in der traurigen Zeit des weiteren 30jährigen Krieges Folgen gezeitigt haben, wie sie soeben geschildert wurden. —

Nach dem Einzuge Herzog Augusts in seine arg verwüstete Residenz am 30.1.1644 wurde sofort die Wiedereinrichtung des Kanzleigebäudes in Angriff genommen. Schon am 13. Februar 1644 wurde das Kammerarchiv dahin gebracht, und nach einem Berichte des Kammermeisters Andreas Reiche sollte das Archiv darin in etwa 2—3 Tagen wieder in Ordnung gebracht werden können, wobei einige zur Verwaltungsarbeit nötige Akten herausgenommen werden sollten[4].

So schnell ging es aber mit der Ordnung der völlig durcheinandergeratenen Bestände doch nicht. Denn aus dem Januar 1656 sind zwei Berichte des Lehnssekretärs Christoph Otto Reiche an Herzog August

---

[1] Kommt bei Samse a.a.O. und in den Bestallungsakten nicht vor.
[2] L Alt Abt. 36 I, 9.   [3] Wäterling a.a.O.   [4] L Alt Abt. 36 II, 3 Bd. II.

d. J. erhalten[1], in denen von der Ordnung und Verzeichnung der Registratur in den 3 Gewölben durch je einen Beamten die Rede ist, an der Reiche beteiligt war.

Das Wolfenbütteler Archiv hatte man in den ersten Jahren des 30-jährigen Krieges für sicher gehalten, so daß von auswärts Archivalien dorthin ausgelagert wurden. So bat 1664 die Stadt Neustadt am Hohnstein um ihre vor etwa 40 Jahren mit dem Amtsarchiv Hohnstein nach Wolfenbüttel geflüchteten Statuten und Privilegien[2]. —

Nach seinen Berichten, von denen besonders der vom 25.11.1665 einen guten Einblick gewährt, hat der Archivar Christoph Schade fleißig Ordnungsarbeiten geleistet. 1665 hatte er die Registratur in General- und Spezial-Classes geteilt und für eine ganze Anzahl von Sachgruppen, die in einer Bestandsübersicht wiederkehren, Verzeichnisse angefertigt[3]. Die Übersicht ist in 2 leider undatierten Stücken von Schades Hand erhalten; das zum Abdrucke im Anhang 2[4] ausgewählte ist enthalten in einem starke Benutzungsspuren zeigenden Handexemplar der in der 2. Hälfte des 17. Jhdts. gültigen Übersichten über die 3 damaligen Gesamtarchive.

Schades Arbeit stellt ohne Zweifel einen Fortschritt gegenüber dem Generalinventar von 1578 (= Anhang 1) dar. Die Sachgruppen sind geschickter gebildet, schärfer gefaßt und z. T. weitgehend untergegliedert; manche von ihnen sind für spätere Gliederungen der Bestände übernommen, einige bis jetzt beibehalten worden.

Die Bemühungen um das Archiv in den letzten 20 Regierungsjahren Herzog Augusts werden auf die Anregungen dieses unendlich tätigen, vielseitigen und gelehrten Fürsten zurückgegangen sein, wie die zahlreichen an ihn erstatteten Berichte des Archivars erkennen lassen. Aber auch sein Sohn und Nachfolger Rudolf August versicherte sich des guten Standes des Rüstzeuges für seine Regierung. Schon kurz nach seinem Regierungsantritte besichtigte er im Oktober 1666 neben der Kanzlei auch das Archiv, das bereits wieder so angefüllt war, daß Schade die Hereinsetzung eines Repositoriums vorschlug und schließlich eine Kammer unter dem Dache als Aktenraum zugewiesen erhielt[5].

---

[1] Ebda.

[2] L Alt Abt. 36 VI A, 1.

[3] Vom 8. 7., 2. 9. und 18. 10. 1665 s. L Alt Abt. 36 I, 9. — Im übrigen L Alt. Abt. 36 VI A, 2. Hierin auch Ber. v. 1. 4. 1667 über Miszellanea und Verordnungen.

[4] Darauf von späterer Hand: *Wie es ietzo ist.* — Die Überschrift des in der Hauptsache gleichlautenden, nicht so gut gegliederten Stückes, das wohl als Entwurf anzusprechen ist, lautet: *Dispositio des fürstlichen Braunschw. undt Lüneburgischen Archivi zu Wolfenbüttel.* — L Alt Abt. 36 I 12 Heft 3.

[5] L Alt Abt. 36 VI A, 1 und 2.

Man gewinnt aus den Akten den Eindruck, als hätten die Nachfolger Schades sich seit dem Ende des 17. Jhdts. auf den errungenen Lorbeeren ausgeruht. Als einziges Verzeichnis aus der Zeit Ende 17./Anf. 18. Jhdt. ließ sich eine „Designatio der im fürstl. Hofgerichtsarchiv befindlichen Sachen[1]" ermitteln. Zu Arbeiten an den Archivalien außer zu laufenden Auskünften sind die durchweg mit mehreren anderen Ämtern betrauten Archivare offenbar so gut wie gar nicht gekommen. Es bedurfte erst des Eingreifens eines mit besonderer Tatkraft und Begabung ausgestatteten Mannes, um hierin eine Änderung herbeizuführen.

3. Zugänge und Abgaben von Archivalien

Die Geschichte der Zu- und Abgänge der Generalregistratur bzw. des Archivs ist in der Hauptsache die der Teilung von Beständen zwischen Wolfenbüttel und Calenberg. Hier sollen nur die sonstigen Veränderungen des Archivinhaltes kurz erwähnt werden.

Die bedeutendste Erwerbung in dieser Zeit waren 904 Originalurkunden des Klosters Walkenried. Die langwierigen Verhandlungen von 1630 bis zum Jahre 1654 und die ihnen zugrunde liegenden rechtlichen Verhältnisse wurden in neuerer Zeit von Wilhelm Engel dargestellt[2].

Auf Grund des Harburger Sukzessionsvergleiches wurden 1651 Akten betr. das Fürstentum Blankenburg und betr. Grubenhagen und Hoya zwischen den fürstlichen Linien ausgetauscht[3].

1668 erhielt das Archiv weiteren Zuwachs durch einen größeren Aktenbestand, der aus dem Kabinette des Herzogs im Schlosse herübergebracht wurde[4]. Weiter kamen im 17. Jhdt. verschiedene kleine Abgaben in das Archiv. Im Jahre 1721 wurde ein größerer Teil der Prozeßregistratur der Justizkanzlei übernommen[5].

Schließlich wurden 1729 aus dem Nachlasse des Professors Polykarp Leyser in Helmstedt, der mehrere tausend Urkundenabschriften und etwa 150 Originale gesammelt hatte, einige Abschriften für das Archiv erworben[6].

Alles in allem ist die Bestandsveränderung in diesem Zeitabschnitte gering.

---

[1] L Alt Abt. 36 II, 14. — Ohne Jahresangabe. Nach Sachbetreffen im ABC.

[2] Archivstudien. Festschr. f. Woldemar Lippert. Dresden 1931. S. 83—88.

[3] L Alt Abt. 36 I, 9.

[4] S. Verzeichnis in L Alt Abt. 36 II, 3 Bd. 3.

[5] L Alt Abt. 36 VI A, 1.

[6] Einige weitere Erwerbungen aus Leysers Nachlaß erfolgten 1747. — L Alt Abt. 36 III, 12. Hier genaue Angaben über den Gesamtnachlaß.

4. Benutzung

Wie alle alten Sammelstellen staatlichen Schriftgutes war auch die Generalregistratur in Wolfenbüttel zunächst nur für den dienstlichen Gebrauch durch die zuständigen Räte und Sekretäre bestimmt und wurde entsprechend vorsichtig verwaltet und unter Verschluß gehalten. Die Ausleihe eines Kastens mit 23 handschr. Konvoluten, die dem Chronisten Johann Letzner gehört hatten, an den Helmstedter Professor Heinrich Meibom im Jahre 1619 betraf kein eigentliches staatliches Archivgut und wird ein Einzelfall zu jener Zeit gewesen sein[1].

Nach dem Umzuge der Behörden 1627 nach Braunschweig war die Trennung von den Archivalien für die Verwaltung, die politischen Verhandlungen und besonders auch für die anhängigen Rechtsstreitigkeiten sehr mißlich. Herzog Friedrich Ulrich erwirkte daher für sich ein vom Kaiser am 30.3.1628 erlassenes Decretum salvatorium[2]. Darin heißt es: aus der infolge der Besetzung Wolfenbüttels durch eine dänische Besatzung erfolgten Zurücklassung des fürstl. Archivs daselbst und anderer Originale, Akten, Schriften u. dgl. sollten in Prozessen und Gerechtsamen keine Nachteile entstehen, sondern alles solle im Stande des Zeitpunktes bleiben, wo der Herzog seine Festung und das Archiv noch besaß. Das Fehlen des Archivs solle dem Herzog in allen Parteisachen nicht präjudizierlich sein.

Das verschiedentliche Eindringen in die Registraturgewölbe sowie andere Räume des Kanzleigebäudes im weiteren Verlaufe des 30jährigen Krieges und die üble Behandlung ihres Inhaltes müssen wohl auf alle betroffenen Stellen einen starken Eindruck gemacht haben.

Über die Benutzung des nach 1644 wieder geordneten Archivs durch Beamte sind wir infolge zahlreicher Anträge an den Registrator und späteren Archivar Schade und entsprechende Quittungen seit etwa 1662 gut unterrichtet. Zwar mußte der Archivar trotz seiner umfassenden Ordnungsarbeiten nicht selten berichten, daß er die benötigten Stücke nicht finden könnte[3]. Aber in der Regel bekamen die Räte, der Kammerpräsident, der Kammermeister, der Amtmann von Harzburg usw. die gewünschten Urkunden und Akten[4]. Gelegentlich wurden ihnen auch Archivalien in die Wohnung gesandt[5].

---

[1] L Alt Abt. 36 I, 9. — Die Stücke waren übrigens lt. Bericht des Archivars Schade von 24.9.1661 nicht zurückgegeben. Es mußten Nachforschungen bei Meiboms Erben in Helmstedt angestellt werden. [2] L Alt Abt. 36 VI C, 1.
[3] Z.B. 1662, 1665, 1667ff. — L Alt Abt. 36 VI A, 2.
[4] Z.B. 1666, L Alt Abt. 36 VI A, 1. — 1670 L Alt Abt. 36 VI A, 2.
[5] Z.B. 1690/91 dem Großvogt v. Münchhausen und 1739 dem Hofrate Schrader. — L Alt Abt. 36 VI A, 1.

Auch von außerhalb kommende Anfragen, etwa von thüringischen Fürsten, von Behörden aus Halberstadt und Hildesheim, von den Geheimen Räten in Celle und Hannover und nicht zuletzt vom „Herrn Bruder" Archivar Viet in Hannover fanden gebührende Beantwortung. Nicht selten waren schließlich Auskünfte an nichtamtliche Stellen, wie an Gemeinden, den Pastor in Voigtsdahlum, 1666 an das Blasiusstift in Braunschweig für einen Prozeß oder 1673 an Prof. Dr. Friedrich Ulrich Calixtus in Helmstedt wegen seines dortigen Lehnshofes; z.T. sind die aufzusuchenden Akten oder die sonstige Erledigung der Auskünfte auf Zetteln vermerkt[1]. Auch an private Benutzer wurden Akten ausgeliehen; so erhielt 1663 der Verwalter des Herrn v. Weferling in Gr.-Vahlberg Lehnsakten für seinen Dienstherrn, und die v. Cramm bekamen 1662 Akten für Jagdstreitigkeiten mit dem Amte Wohldenberg[2].

Der erste wissenschaftliche Archivbenutzer dürfte Professor Hermann Conring aus Helmstedt im Jahre 1666 gewesen sein. Er hatte Akten über Jurisdiktionsfragen durchgesehen und an den Herzog zwei Arbeiten eingesandt: „Bedencken de Agnatis" und „Gründlicher Bericht von denen zwischen den Hochfstl. Wolfenbüttel und Zelle wegen der Hoch- und Gerechtigkeit über die Stadt Braunschweig versirenden Streitigkeiten[3]".

Nicht nur aus der Amtszeit Schades, sondern auch aus der seiner Nachfolger von 1690 bis in das 2. Jahrzehnt des 18. Jhdts. sind eine größere Anzahl von Anträgen an das Archiv und Notizen über Nachforschungen erhalten[4]. Besonders hervorgehoben sei die anläßlich einer weiteren wissenschaftlichen Benutzung gegebene Anweisung des Geh. Sekretärs J. D. Schnetz an den Archivar Müller vom 30. 11. 1699, dem Herrn Leibniz die im fürstl. Archiv befindlichen alten Siegel auf 3—400 Jahre zurück vorzulegen, damit sie abgezeichnet werden könnten. *Es wird aber wohl nötig seyn, daß entweder der Herr Schwager selber oder doch H. Secr. Meyer mit zugegen sey, damit von solchen alten documentis nichts abhanden komme noch ohne speciale concession Abschrift davon genommen werde.* —

Das Archiv wurde, mindestens zeitweise, nicht nur für Zwecke der Verwaltung und zu wissenschaftlicher Forschung benutzt, sondern diente auch der sicheren Verwahrung von Wertgegenständen aus Privatbesitz.

---

[1] L Alt Abt. 36 VI C, 1 und 2.

[2] L Alt Abt. 36 VI A, 1.

[3] L Alt Abt. 36 VI A, 2. — Diese Arbeiten mit anderen Stücken hatte Herzog Rudolf August im Juli 1670 aus seinem Kabinett nach Blankenburg holen lassen.

[4] L Alt Abt. 36 VI A, 1 und 2.

So wurden in den Jahren 1723—1725 von verschiedenen Personen Geldbeträge (meist in versiegelten Beuteln), Schmuck, Gegenstände aus Edelmetall, ein Sack mit Samen und ein verschlossener Koffer hinterlegt und von den Archivbeamten auf Anfordern wieder zurückgegeben[1].

5. Die Archivbeamten

a) Als Generalregistrator ist nach Samse (S. 196) der schon oben (S. 124) genannte Lorenz Berckelmann seit 1596 neben dem Sekretär Johann Bodemeyer tätig gewesen; nähere Nachrichten waren darüber bisher nicht zu ermitteln. Seit 1606 war Theodor Block Kammersubstitut und Registrator; er wurde 1613 Kammersekretär. Für die Jahre 1618—1622 ist Bodo Adelhorn als Kammersekretär und Generalregistrator nachweisbar[2].

1629 wurde Karl Stisser von Herzog Friedrich Ulrich als Registrator angestellt. Er hatte dessen in Unordnung geratenes Archiv zu ordnen. Nach 1634 war er für Wolfenbüttel und Calenberg im Dienste als Klostersekretär, Registrator, Archivar und Gerichtssekretär[3]. Zu dem gemeinsamen Archive im Kapitelhause des Blasiusstiftes in Braunschweig hatte er als Registrator 1636 die Schlüssel[4].

In den damaligen wirren Zeiten in Wolfenbüttel lag die Aufsicht über die verwaisten Registraturgewölbe dem seit 1623 an der Kanzlei tätigen[5] Hermann Lawe ob. Er ist in der Kirchenbucheintragung über seine Trauung mit Sophie Hedwig Schrader, Tochter des Abtes von Marienthal Franz Schrader, am 3.4.1627 als Kanzleiverwandter bezeichnet[6]. L. hatte den ausdrücklichen Befehl, bei Verlegung der Hofhaltung Herzog Augusts nach Braunschweig nicht mit zur Kanzlei dorthin zu gehen, sondern *auf den Archiven und Registraturn* in Wolfenbüttel tätig zu bleiben[7]. In dem Entwurfe einer dem Herzoge vorgelegten Instruktion, genehmigt am 9.3.1636, bezeichnete er sich als *ohnlängst bestalter Registrator*, der mit dem auf der Kanzlei wohnenden Kanzleiknecht Hans Sawer[8] die Aufsicht *auf unsern Archiven, Registraturen, acta* . . .

---

[1] L Alt Abt. 36 VI A, 1.

[2] Samse a.a.O. S. 234 und 318; 236 und 318.

[3] Ebenda S. 241 und 318.

[4] S. unten S. 110.

[5] Samse a.a.O. S. 240.

[6] Wolfenbüttel BMV. Bd. 1.

[7] L Alt Abt. 36 II, 3 Vol. II.

[8] War noch im August 1665 im Amte und wußte nach einem Berichte über die Akten im Kanzleigebäude Bescheid. — L Alt Abt. 36 I, 9.

sowoll unten in den Gewelben alβ oben auff unser Canzley haben und deren
Öffnung verhindern sollte. Der Herzog verhieß und erbat damals aller-
seits besonderen Schutz für seinen Registrator und dessen Familie¹. Lawe
starb schon am 20. November 1636 plötzlich an der Pest². Ein Nachfolger ist offenbar nicht bestellt worden³.

In der mit dem Einzuge Herzog August d. J. in Wolfenbüttel 1644
beginnenden Zeit des Wiederaufbaues des Behörden- und Archivwesens
konnte zunächst wenig für die ständige Betreuung von Archivalien getan
werden, da zuerst einmal Klarheit über die Aufteilung der aus der Zeit
Herzog Friedrich Ulrichs stammenden Bestände geschaffen werden
mußte⁴.

Immerhin wurde der Kammermeister A n d r e a s R e i c h e im Februar
1644 außer mit der Ordnung seines „Kammerarchivs" auch mit vorläufigen Ordnungsarbeiten im Archive auf der Kanzlei beschäftigt⁵.
Auch in den folgenden Jahren war, soweit sich bisher feststellen ließ,
kein Generalregistrator oder Archivar bestellt. Einen besonderen Auftrag
zur Ordnung der 3 Archivgewölbe hatten nach Anweisung des Sekretärs
Joh. Friedrich Stockhausen⁶ der Lehnssekretär Christoph Otto R e i c h e⁷
und der Sekretär Johann Christoph A l t e r m a n n⁸.

b) 1. Einen ständigen Betreuer erhielt das Archiv aber erst einige
Jahre später; er war der erste als Archivar bezeichnete Beamte in Wolfenbüttel. Der schon mehrfach erwähnte C h r i s t o p h S c h a d e wurde am
27. 7. 1628 in Wolfenbüttel (Hauptkirche) getauft⁹. Seine Eltern waren

---

¹ L Alt Abt. 36 II, 3 Vol. II.

² Kirchenb. Wolfenbüttel BMV. Bd. I S. 50; in der nächsten Eintragung ist
das Begräbnis seiner Tochter am 26. 11. vermerkt. Am 13. 1. 1637 wurde sein
ebenfalls an der Pest gestorbener Sohn beerdigt.

³ Bericht Schades v. 8. 11. 1669. L Alt Abt. 36 VI A, 2.

⁴ Vgl. unten S. 109 ff.

⁵ 1625—1655 im Amte; auch Propst zu St. Lorenz vor Schöningen (S a m s e
a. a. O. S. 197, 343). — Ber. Reiches v. 13. 2. 1644 in L Alt Abt. 36 II, 3 Vol. II.

⁶ 1648 Kanzleidiener, 1652 Kanzlist (L Alt Abt. 3 Gr. I Hzg. August). — Über
die Arbeiten s. oben S. 43.

⁷ Sohn des Kammermeisters Andr. Reiche im Wolfenbüttel, 1638 immatriku-
liert in Helmstedt (Matrikel 1638 Nr. 96), 1649 Lehnssekretär (L. Alt Abt. 3 Gr. I
Hzg. August). † 1667. — v. P r a u n, Verzeichnis der fürstl. Räte u. Beamten in der
Ratstube zu Wolfenbüttel, Landschaftl. Biblioth. 3067, nennt in der Reihe der
Archivare und Lehnssekretäre vor Reiche noch Julius Berckelmann, über dessen
Tätigkeit sich aber bisher nichts ermitteln ließ. Vgl. S. 41.

⁸ Aus Wolfenbüttel; 11. 4. 1638 immatrikuliert in Helmstedt, 1661 Sekretär
(L Alt Abt. 3 Gr. I Hzg. August).

⁹ Kirchenb. BMV. Band 2 S. 318.

der seit 1622 in Wolfenbüttel tätige Hof- und Konsistorialrat, auch Hofgerichtsassessor Dr. jur. Heinrich Julius Schade und Hedwig geb. Hartwig[1]. Er studierte, wie schon sein Vater, in Helmstedt, wo er am 28.2.1646 immatrikuliert wurde[2]. Seine Beamtenlaufbahn begann er in der Osterwoche 1656 als *Collaborant und sonderbarer Registrator* bei der Kammer mit dem Prädikate Kammerschreiber. Auf seine Bewerbung vom 8.6.1661 um die Stelle als Registrator, als der er mit einem hannoverschen Kollegen das alte fürstl. Kommunarchiv teilen sollte[3], wurde er schon am 10.6.1661 als solcher bestellt. Schade hatte sich bei der Kanzlei *stets wesentlich* aufzuhalten und in den Registraturgewölben zu arbeiten[4]. Das Gehalt betrug 150 Taler jährlich.

Die Tätigkeit Schades bei der Ordnung des Archivs ist bereits erwähnt[5]. Aber auch zahlreiche erhaltene Ersuchen um Nachforschungen an Behörden, schriftliche Auskünfte, an Herzog August d. J. persönlich gesandte Berichte, Quittungen über ausgeliehene und zurückgegebene Archivalien zeugen von seinem Fleiße[6]. Nicht selten waren freilich die Nachforschungen ohne Erfolg. Als ein Zeichen dafür, daß mit Schades Ernennung eine neue Zeit für das Archiv angebrochen war, ist wohl auch die Zuweisung einer kleinen bei diesem gelegenen Stube als Arbeitszimmer anzusehen[7]. Schades Dienstbezeichnung lautete 1665/1666 *(p.t.) Archivarius*, 1666/67 Registrator, im Juni 1672 zuerst, ferner 1677 usw. (Lehns-)Sekretarius und Archivarius[8]. Bei Schade tritt zuerst die enge Verbindung archivarischer Tätigkeit mit der Bearbeitung der seit dem 16. Jhdt. der Justizkanzlei zugeteilten[9] Lehenssachen in Erscheinung, die eine gute Kenntnis der in Urkunden und Akten festgehaltenen herzoglichen Gerechtsame voraussetzte.

Schade wurde am 3.5.1690 an der Mauer des Kirchhofes der Hauptkirche in Wolfenbüttel an der Seite seiner Frau begraben, die schon am 5.6.1676 dort bestattet war[10].

---

[1] Samse a.a.O. S. 179f.; der Rat Schade hatte also Nachkommen.
[2] Matrikel Helmstedt.
[3] S. unten S. 116f.
[4] Bestallungen, Reverse und Protokoll L Alt Abt. 36 V, 1 Vol. I.
[5] S. oben S. 44.
[6] L Alt Ab. 36 VI A, 1 und 2.
[7] L Alt Abt. 36 VI, 2. — Bericht Schades vom 8.11.1669.
[8] L Alt Abt. 36 VI A, 1 und 2; VI C 1.
[9] Landsch. Bibl. 3069 *Justizkanzlei*.
[10] Chronicon der Stadt und Vestung Wolffenbüttel, in sich haltend des seel. Herrn Ober-Amtmanns Christoph Woltereck Begräbniß-Buch der Kirche B.M.V. zu Wolffenbüttel ... continuieret ... von Rud. August. Noltenio. Blankenburg u. Helmstedt 1747. S. 254, 483.

2. **Jakob Müller** (s. S. 53) rückte nach Schades Tode am 25.10.1690 zu dessen Nachfolger auf[1]. 1694 als Amtmann in Wolfenbüttel bezeichnet, erhielt neben Besoldung von 300 Talern auf Gesuch vom 27.2.1696 zum Unterhalt von 2 Pferden wegen der *aufhabenden Amts-Bedienung* Fouragegeld[2]. 1697 *Archivarius, Canzlei- und Lehnsecretarius und Amtmann.* † Wolfenbüttel 28.7., □ 2.8.1703[3]. Gesuch seiner Witwe Catharine Elisabeth geb. Meyer um Gewährung des Gnadenjahres vom 18.10.1703; über den Rest der Zahlungen darauf quittierte die Witwe mit ihrer Tochter Margarete Marie am 19.3.1705[4].

3. **Johann Joachim** (v.) **Röber**[5]. * Glogau 22.11.1662. Eltern: Johann v. Roeber, Advokat in Glogau, und Anna Marie geb. Sommerfeld aus Schwiebus. Besuch des Gymnasiums in Breslau. 20.7.1680 immatrikuliert als Student der Rechtswissenschaft in Frankfurt (Oder)[6], ab 1686 Studium in Königsberg in Pr. Von dort nach Berlin, 1686 Erzieher im Hause des Geh. Rates Franz v. Meinders, dessen Sohn er nach Frankfurt a.O. auf die Universität begleitete. Reisen nach Belgien, England und Frankreich. 1694 nach Wolfenbüttel, Erzieher des Prinzen Ernst Leopold v. Holstein-Norburg, eines Neffen der Gemahlin des Herzogs Anton Ulrich. Verschiedentlich in Sekretärsgeschäften verwendet, 1701 Hofgerichtsassessor und Legationssekretär. 23.8.1703 Archivar und Lehnssekretär[7]. 8.7.1707 Prädikat eines Lehnsrates. 1708 300 Taler Gehalt. 1710 Deputat von je 6 Scheffeln Gerste und Roggen in natura und in Geld umgerechnet 1 feisten Ochsen, 1 feistes Schwein und 4

---

[1] Bestallung L Alt Abt. 36 V, 1 Vol. 1. — Auf dem Revers darüber Wappen: drei 2 : 1 gestellte Pflugscharen, Helmzier: wachsender Mann mit Hammer in der rechten Hand.

[2] Gehaltsquittung von 1695 und Quittung über 76 Rtlr. 30 Gr. Fouragegeld jhl. von 1697 L Alt Abt. 36 V, 1 Vol. 1. — Der Hofrat Rhamm in seiner Hschr. *Nachricht von der Beschaffenheit des fürstl. Residenz-Amts* (Ldsch. Bibl. 851) schreibt in der Liste der Amtleute, in der Müllers Name fehlt, zu den Angaben über Joh. Heinrich Schlüter: *Ihm hat der Archivarius Müller sub Titulo eines Amtsraths adjungiert werden wollen. Dieses hat Schlüter sich verbeten, damit der Amtmann nicht höher tituliert sei als der Oberamtmann.*

[3] Woltereck a.a.O. S. 296 und 299. Dort auch Grabinschrift.

[4] L Alt Abt. 36 V, 1 Vol. 1.

[5] Quellen, soweit nicht besonders vermerkt, lat. Gedächtnisschrift Memoria Joh. Joa. de Roeber, Helmstad. 1733. Landsch. Bibl. Nr. 3017. — K. Gesenius, Lexicon eruditorum ... Brunsvicensium (= Hs Abt. VI Gr. 10 Nr. 1) Bd. 3 S. 208. — L Alt Abt. 36 V, 1 Vol. 1. — Woltereck a.a.O. S. 201.

[6] Matrikel Bd. II S. 168.

[7] Unter dem Bestallungsreverse Röbers Siegel mit Wappen: In geviertem, bekröntem, von 2 schreitenden Löwen gehaltenem Schilde im 2. Felde nach rechts, im 3. nach links schreitender Löwe; 1. und 4. Feld fünfmal schräg geteilt, im Schildhaupt 3 Sterne, Herzschild mit springendem Hirsch.

4*

Hammel. 6.7.1713 Hofrat in der fürstl. Ratsstube. Seit 1724 kaiserlicher Kommissar in Aurich. 16.3.1728 Geh. Justizrat. In Aurich im April 1732 erkrankt und nach wenigen Tagen gestorben. ∞ ... 1714 Auguste Christiane Müller[1].

Seine kinderlos gebliebene Witwe setzte in ihrem umfangreichen Testamente vom 15. Dezember 1733 als Erben ein ihre Schwester Christine Elisabeth Müller, Ehefrau des Regierungsrates Meibom, und deren Kinder, ihren Bruder, den Sekretär Johann Urban Müller, sowie die Kinder ihrer Schwester Dorothea Sophia, † Ehefrau des Kammerrates Tiele[2]. † Wolfenbüttel (BMV) 30.12.1733.

4. Johann Georg Burckhard (s. unten S. 54)[3]. Nach der Vorstellung vom 17.4.1726, er habe seit Röbers Fortgange nach Ostfriesland die Archiv-, Lehns-, Universitäts- und Allodialexpeditionen ganz allein erledigt, erhielt B. am 30.4.1726 eine Zulage von 50 Talern und wurde am gleichen Tage zum wirklichen Archivarius und Lehnssekretarius bestallt mit 300 Tlr. Gehalt. 8.6.1728 Lehnsrat mit Votum in der Kanzlei in Lehnssachen. 14.10.1729 Hofrat mit Sitz und Stimme in der Justizkanzlei. 29.1.1749 zum Geh. Justizrat ernannt. In der Sitzung auf der Justizkanzlei am 3.11.1764 vom Schlage gerührt und am 4.11. im 81. Lebensjahre gestorben[4].

Burckhard trat in seiner Tätigkeit als Archivar nicht merklich hervor. Er widmete sich offenbar mehr seinen juristischen Geschäften und stand, seit v. Praun 1746 die Oberleitung im Archiv übernommen hatte, spürbar in dessen Schatten. Sein Name wird bei den vielen archivarischen Arbeiten jener Zeit nicht genannt.

---

[1] * Wolfenbüttel (BMV) 23.3.1673, Vater: Kammerschreiber, später Kammerrat u. Oberkämmerer, Johann Urban Müller. — ∞ I Wolfenbüttel (BMV) 28.5. 1689 Christian Wilhelm Schwanenflügel, Kommunion-Zehntner in Zellerfeld.

[2] L Alt Abt. 7 II, Vol. 4 Nr. 4. Ihr Siegel unter dem Testamente zeigt wie das des Jakob Müller drei 2:1 gestellte Pflugscharen.

[3] Biographische Nachrichten über ihn s. Chr. Jöcher, Allgemeines Gelehrten-Lexikon, Fortsetzung von J. Chr. Adelung Bd. 1 S. 2435f. — Meusels Lexikon der von 1750—1800 gestorbenen deutschen Schriftsteller Bd. 1 S. 729f. — Karl Gesenius, Lexicon eruditorum ... Brunsvicensium Bd. 1 (= Hs Abt. VI Gr. 10 Nr. 1) S. 184. — Obige Angaben aus L Alt Abt. 36 V, 1 Vol. 1 und aus Denkmahl der Hochachtung und Freundschaft dem ... Herrn Joh. Georg Burckhard ... gewidmet von D. Joh. Dietrich Wincklern. Hamburg 1765 (Hiermit größtenteils übereinstimmend: [Joh. Dietr. Winckler], Nachrichten von Niedersächsischen berühmten Leuten u. Familien. 1. Bd. Hamburg 1768. S. 26—37). Als einzige gedruckte Arbeit B.s konnten nur 3 lateinische Streitschriften ermittelt werden, deren langatmige Titel bei Winckler, Nachrichten ... S. 36f. angegeben sind.

[4] S. auch Braunschw. Anzeigen 1764 St. 90 S. 378.

Mitarbeiter am Bibliothekskatalog seines Bruders Jakob und an v. Prauns Werke ,,Vollständiges Br.-Lüneburgisches Münz- und Medaillen-Cabinet . . ." (Helmstedt 1747). Handschr. Nachlaß über Münzen und Medaillen[1]. In seinem Besitze eine bedeutende Medaillensammlung, die 1766 Herzog Karl I. ankaufte.

c) Obgleich man Christoph Schade wohl als einen für seine Zeit tüchtigen und fleißigen Beamten ansehen muß, hat seine Kraft offenbar zur Erledigung der Archivgeschäfte nicht ausgereicht, zumal ihn die Aufteilung der Bestände zwischen Wolfenbüttel und Calenberg vielfach in Anspruch nahm. Denn 1679 wurde ihm zunächst ein zweiter Beamter beigegeben und damit ein Zustand geschaffen, der erst kürzlich — nach 270 Jahren — geändert ist. Die Reihe dieser Beamten ist folgende:

1. Kilian Schrader. ⁓ Helmstedt (St. Stephani) 4.7.1650[2], Eltern: M. Christoph Schrader, Professor eloquentiae an der Universität Helmstedt und Margarete geb. Stisser (einz. Tochter des Prof. Ernst St. in Helmstedt), aus deren Ehe 9 Söhne und 4 Töchter entstammten. Immatrikuliert in Helmstedt 14.1.1659 (,,Prorectoris filius"). Zuerst gemeinschaftl. braunschw.-lüneburg. Legationssekretär bei den Friedensverhandlungen in Nymwegen. 13.6.1677 Anwartschaft auf eine Sekretärsstelle in Wolfenbüttel. 25.11.1679 zum Kanzleisekretär und Archivar bestallt, 20.12.1679 als solcher vereidigt und zu gemeinsamer Arbeit mit dem Lehnssekretär und Archivar Schade verpflichtet; ∞ 1683 Susanne Klara v. Herden, † 1724, Tochter des Egidius v. Herden, Solmsschen Geh. Rates, und der Katharine Elisabeth geb. Fabricius. Seit 1696 Herr auf Culpin/Hzgt. Lauenburg, 19.5.1708 Reichsadelsstand; kurf. braunschw.-lüneburg. Hofrat[3].

2. Jakob Müller. * ufm Trostalter in der Oberpfalz 19.4.1649[4]. Im April 1682 Adjunktus des Archivars mit jhl. 150 Tlr. Gehalt; ∞ Wolfenbüttel (BMV) 28.11.1682 Katharine Elisabeth Meyer, Witwe des 1680 † Kammersekretärs Altermann. Auf ein Gesuch um Gehaltsaufbesserung unter Hinweis, sein Vorgänger Schrader habe höhere Bezüge gehabt, ab Michaelis 1684 jhl. 200 Taler. 1685/86 Sekretär und Archivarius.[5] — S. ferner oben S. 51.

---

[1] S. Hs Abt. VI Gr. 2 Nr. 54. — Landsch. Bibl. Nr. 1298.
[2] KB. Bd. III S. 762.
[3] P. Zimmermann, Album Academiae Helmstadiensis Bd. 1 S. 441. — Aufzeichnungen Wäterlings L Alt Abt. 36 V, 1 Bd. 1. — Gothaisches Genealogisches Taschenbuch, Briefadel 1907.
[4] Chronicon der Stadt und Vestung Wolffenbüttel (vgl. S. 50 Anm. 10) S. 296 und 299. — Wohl der Weiler Trossalter, Gemeinde Eckelshof b. Sulzbach, Post Alfeld/Mittelfranken.   [5] L Alt Abt. 36 V, 1 Vol. 1 und VI A, 2.

3. **August Meyer.** Im Herbst 1694 dem Archivar Müller für Archivar-
arbeit adjungiert[1]. Noch im November 1699 im Amte (s. oben S. 47).
Näheres über Meyer war bisher nicht zu ermitteln. Ob er mit dem am
14.3.1689 in Helmstedt immatrikulierten A. M. *Beltia-Sax.*, oder mit
dem 1709 bestallten Kanzleisekretär gleichen Namens persongleich
war, muß unentschieden bleiben. —

4. Die zweite Beamtenstelle wurde nach Meyers Dienstzeit erst nach
einer Pause wieder besetzt mit **Johann Georg Burckhard**[2]. * Sulz-
bach/Oberpfalz 24.9.1684. Eltern: Pfarrer Georg Christoph B. und
Innozentia Rosina geb. Schaetz. Jüngster der 3 in Wolfenbüttel tätigen
Brüder B.[3] 1699—1702 Gymnasium in Schleusingen. Ab 1702 stud. jur.
in Jena und Halle. 1707 in Wolfenbüttel bei seinem ältesten Bruder.
1709 Studium in Leiden. 1711—1716 Hofmeister beim Sohne des Geh.
Rates und Kanzlers v. Lüdecke in Wolfenbüttel; mit ihm auf den Uni-
versitäten Tübingen und Halle und auf Reisen nach Holland, England
und Frankreich. Auf Gesuch seines Bruders Heinrich vom 14.7.1716 als
Kanzleisekretär-Supernumerar ernannt und beeidigt. Seit 1718 dem
Archivar Röber zugeordnet, besonders in Archiv- und Lehenssachen;
Gesuch zum wirklichen Archivarius und Lehnssekretär ernannt zu
werden. Auf Vorstellung vom 22.1.1719, er habe dem Hof- und Lehns-
rat Röber sowohl in der Archiv- und Lehensexpedition als auch in
Allodialsachen nach aller Möglichkeit geholfen, erhielt er am 29.1.1719
100 Taler als Bezüge bewilligt. Am 1.5.1721 Anwartschaft auf Kon-
sistorialsekretariat erhalten. Bei der Öffnung des Gesamtarchivs im
Blasiusstift 1722 als Sekretär und Adjunktus Archivarii bezeichnet.
1723 Kanzleisekretär. — ∞ Wolfenbüttel (BMV) 30.11.1723 Anna
Sophia Pollich, * 2.10.1702 als Tochter des fürstl. braunschw.-lüneburg.
Postmeisters Johann Wolfgang Pollich in Braunschweig, später Stief-
tochter des Dr. med. Joh. Heinrich Burckhard. — Wohnung: Breite
Herzogstr. Nr. ass. 686 (heute Nr. 23)[4]. Im Archiv befinden sich Porträts
der Eheleute Burckhard[5]. — Aus der Ehe ein Sohn Philipp Heinrich,
der als Kanzleisekretär und Kriminalrat ohne Nachkommen starb, und
7 Töchter. — Weiter s. oben S. 52. —

Für die Zeit nach 1726 ließ sich neben Burckhard kein Beamter im
Archiv nachweisen. Soweit sich feststellen läßt, wurden die 1742 an-
gesetzten Kräfte auch schon vorher gelegentlich herangezogen[6].

---

[1] L Alt Abt. 36 V, 1 Vol. 1.   [2] Quellen s. oben S.52 Anm. 3.

[3] Leib- und Hofmedicus Dr. med. Joh. Heinrich B. (1676—1738), Hofrat und
hzgl. Bibliothekar Jakob B. (1681—1752).

[4] Aufzeichnungen P. Zimmermanns in Slg Abt. 30 Reihe 1 Kasten 40.

[5] Vgl. Meier-Steinacker, BuK. Bd. III, 1 S. 147.

[6] Vgl. Bericht v. Prauns vom 5.9.1766. L Alt Abt. 36 V, 4.

IV.

Die Neuordnung des Archivwesens im Lande Braunschweig, insbesondere der Neuaufbau des Fürstl. Archivs in Wolfenbüttel durch G. S. A. v. Praun[1]

1. *Die Maßnahmen zur Neuordnung seit 1742 und die grundlegenden Arbeiten v. Prauns*

a) Es ist bekannt, in wie weitgehendem Maße Herzog Karl I. bemüht gewesen ist, seinem Lande auf allen Gebieten ein neues Gesicht zu geben. In seine Bestrebungen um Neuordnung der Verwaltung und Rechtspflege wurde auch das Fürstl. Archiv in Wolfenbüttel einbezogen[2]. Als erstes Zeugnis davon liegt ein Gutachten des Staatsministers v. Cramm vom 27. 8. 1742 über die Fragen vor, wie das gesamte Archiv in Ordnung zu bringen sei, damit man es nützlich gebrauchen könne, und wem die Expeditionen im Geh. Rate übertragen und dessen Registratur anvertraut werden solle, damit sie in gehöriger Ordnung gehalten würde. Über allerlei allgemeine Archivfragen äußerte sich der Vizekanzler Zenck in einem Promemoria vom 29. 3. 1742. Wohl den letzten Anstoß zu allen weiteren Arbeiten am Archiv hatte dessen Besichtigung durch den Herzog selbst gegeben[3], die auf eine Meldung des Archivars Burckhard über Raumnot des Archivs erfolgt war und den Herzog zu der Überzeugung gebracht hatte, daß eine gründliche Durchordnung der Bestände nötig sei. Die Leitung der Arbeiten wurde durch Reskript vom 4. 12. 1742 dem Vizekanzler Zenck übertragen[4] und bestimmt, daß unter Leitung des Archivars Burckhard der Grenzsekretär F r i c k e das Grenzarchiv und die Sekretäre K o c h und S c h i l l i n g das übrige Archiv ordnen sollten; auch ein Copiist wurde ihnen beigeordnet[5]. Die Neuordnung erfolgte also von Haus aus unter dem Gesichtspunkte der Reform der Verwaltung und der Sicherung ihrer zur Führung der landesherrlichen Politik nötigen Unterlagen. Die enge Verbindung des Archivs mit der Justizkanzlei tritt dabei wieder deutlich zutage.

---

[1] Soweit in diesem Abschnitte keine Archivbezeichnungen angegeben sind, sind die Quellen aus L Alt Abt. 36 V, 2 Bd. 2.

[2] Bei F r i e d a B i e h r i n g e r, Herzog Karl I. (= Quellen u. Forschungen z. Br. Gesch. Bd. 11), Wolfenbüttel 1920, findet sich nichts hierüber.

[3] Vgl. auch Bericht des Geh. Justizrats, Lehnrats u. Archivars Woltereck über Verfassg. des Hauptarchivs u. Lehnsdepartements von 1790 in L Alt Abt. 36 V, 4.

[4] ... *da ohnedem das Amt des Kanzlers* ... *sich füglich mit über das Archiv erstrecket* ... Reskr. an Zenck v. 4. 12. 1742.

[5] So auch Wolterecks Bericht v. 1790, vgl. Anm. 3.

Als Arbeitszimmer wurde das ehemalige Kammergemach (s. Abb. 3) bestimmt; die geordneten Akten sollten im Kammergewölbe und der ehemaligen Kammerschreiberei untergebracht werden. Die Arbeiten sollten mit Ordnung der Bestände im Gewölbe hinter dem Archive[1] beginnen und wurden sehr schnell am 10.12.1742 aufgenommen[2].

Während dieser Zeit kam der Mann zum Archiv in Beziehung, der dessen Schicksale auf längere Zeit hinaus maßgeblich beeinflussen sollte: der Geh. Justizrat G. S. A. v. Praun (s. Abb. 7). Er wandte sich zunächst am 28.10.1744 an den Vizekanzler Zenck wegen Zutrittes zum Archiv und Erlaubnis zu dessen selbständiger Durchsicht. Der Herzog gestattete auch den freien Zutritt v. Prauns für dessen Arbeiten „zur Geschichte und zur Erkenntnis der Gerechtsame unseres Hauses" und die Durchsicht der Archivalien auch in Abwesenheit des Archivars Burckhard. Obgleich dieser Bedenken erhob und meinte, nicht mehr die Verantwortung für die Sicherheit des Archivs übernehmen zu können, wenn er zu mehr als zur Vorlage der Findbücher und Ausgabe einzelner Akten gegen Quittung verpflichtet würde, erreichte v. Praun mit Unterstützung des Vizekanzlers[3] die Bestätigung der erteilten Erlaubnis gegen Ausstellung eines Reverses[4] und unter der alleinigen Beschränkung, daß er Originalurkunden nicht mit nach Hause nehmen dürfte[5]. Gleichzeitig wurden den mit der Neuordnung der Archivalien beschäftigten Sekretären wenigstens die Findbücher des Archivs ausgehändigt[6]. Den Zutritt zum Hauptarchiv erhielten Koch und Schilling erst durch Reskript vom 9.10.1745, nachdem sie an dessen Ordnung herangekommen waren. Damals zuerst ist v. Prauns Beteiligung an diesen Arbeiten erwähnt; seine zunächst wohl als halbamtlich anzusehende Tätigkeit war inzwischen zu einer archivarischen geworden.

Unter dem 15.8.1745 hatte v. Praun dem Vizekanzler Zenck schon eine „Sciagraphia des Archivs, wie es gegenwärtig eingerichtet", vorgelegt, in der die einzelnen Bestände des Archivs und ihre örtliche Aufstellung in näher bezeichneten und bezifferten, z.T. überfüllten Schränken

---

[1] Späterer Zusatz des Archivars Wäterling: *Das ist das Gewölbe unter der langen Treppe, wo jetzt die andere Hälfte der alten Kanzleiregistratur aufgestellt ist* und von anderer Hand des 19. Jhdts.: *jetzt 4., damals nicht mit dem 3. verbunden.* Auf Abb. 3: *Besonderes Gewölbe, wozu der Eingang auf der Straße.*

[2] Vermerk Burckhards von jenem Tage. — Die 3 beauftragten Sekretäre wurden auf herzogl. Anordnung für ihre Arbeiten im Februar 1743 besonders beeidigt.

[3] Vgl. v. Prauns Brief vom 7.12.1744 an diesen.

[4] v. Praun eigenhändig vom 3.2.1745.

[5] Reskr. v. 8.1.1745. — Die Mitnahme von Orig.-Urkunden mit Siegeln, abweichend vom Revers, wurde v. Praun erst durch Reskr. v. 8.6.1746 gestattet.

[6] Reskr. v. 7.1.1745.

und Schubladen aufgezählt waren; außerdem war angegeben, was man in das Repertorium oder besondere Designationen gebracht hatte. v. Praun wollte mit seinen durch zwei eigenhändige Zeichnungen erläuterten Vorschlägen die räumliche Zerreißung mancher zusammengehöriger Sachgruppen zeigen und eine „Hauptveränderung" des Archivs erreichen. Alle Akten betr. Zivilprozesse und Strafsachen, die bis dahin den größten Teil des Archivgewölbes ausgefüllt hatten, sollten — bis auf Originaltestamente, Generalreskripte, einige wichtige Kanzleirelationen und Personalakten — an einen anderen Ort (das mit Repositorien an den Wänden auszustattende ehem. Sitzungszimmer der Kammer, u. U. in dessen Nebenraum, in dem die beiden Sekretäre arbeiteten) gebracht werden[1], weil sie die Hälfte des ganzen Archivs einnahmen. Dann könne mit der Hauptarbeit begonnen werden. Eine Trennung der Originalurkunden von Akten und Rezessen sei nötig.

v. Praun führte weiter aus: *Eine ganze Seite von einem Gewölbe, wo nicht gar ein ganzes Gewölbe, kan denen Original-Urkunden eingeräumet werden; diese aber müssen sowol als die Acta besonders nach ihren Classen distribuiret werden.* Man solle sich zunächst nicht bei Spezialitäten aufhalten, sondern die Sachen unter ihre *Haubt-Sedes* bringen und nachher genauer verzeichnen. Die ganze Arbeit müsse *in einem Ruck* geschehen, damit *die memoria localis* bei ihren Kräften bleiben könne.

b) Es dauerte ziemlich lange, bis eine entscheidende Maßnahme getroffen wurde. Erst am 18.11.1746 erging an die Justizkanzlei, in deren Obhut sich das Archiv auch weiterhin befand, ein Reskript, durch das v. Praun an die ihm im braunschweigischen Archivwesen gebührende Stelle gestellt wurde.

Es sollten sowohl das Hauptarchiv auf der Justizkanzlei wie alle übrigen Archive im Lande in gehörige Ordnung gebracht werden. Da die übrigen Maßnahmen dazu — z.B. ein Erlaß der Kammer an die Ämter über die Ordnung und Einrichtung der Amtsregistratur vom 17.6.1746[2] — nicht den gewünschten Erfolg gebracht hatten, wurde die Generalaufsicht und General-Commission, alle im Lande befindlichen Archive und Registraturen in Ordnung bringen zu lassen, dem Geh. Justizrate v. Praun übertragen und ihm noch einige Beamte beigegeben. Die Zentralbehörden (Justizkanzlei, Kammer, Klosterratstube, Konsistorium und Hofgericht) wurden angewiesen, v. Praun in jeder Weise zu unterstützen, der für seine Archivarbeit eine jährliche Zulage von 400 Talern erhielt.

---

[1] Vgl. Abb. 3. — Bericht Woltereck von 1790.
[2] L Alt Abt. 36 VI C, 3.

Bereits am 5.12.1746 erstattete v. Praun dem Herzoge den ersten Bericht über den Zustand des Hauptarchivs und der Registraturen im Kanzleigebäude. Außer den Archivräumen im Erdgeschoß (= Abb. 3)[1] waren auf dem 1. Boden 8 Kabinette und auf dem 2. (obersten) Boden 5 Kammern mit Akten belegt. Dem Berichte sind ein Vorschlag zur Einteilung der in den 3 Gewölben des Hauptarchivs befindlichen Bestände in Hauptklassen und eine Beschreibung der im Archive befindlichen Kopialbücher und verwandter Quellen beigelegt[2].

Schon der Archivar Woltereck hat 1790 hervorgehoben, daß auf diese Weise eine Sonderung und Abtrennung des Archivs von der Kanzleiregistratur erfolgt sei und seitdem die Sekretäre des Archivs auch in neuen, zu den Arbeiten an diesem angewiesenen Räumen ihre Plätze gehabt hätten[3]. So hatte auch jede der im Kanzleigebäude untergebrachten Behörden in oder neben ihrem Sitzungszimmer eine besondere Registratur.

c) Als Ergebnis seiner mit großer Tatkraft betriebenen Arbeiten legte v. Praun zunächst mit einem Berichte vom 24.10.1748 seine *Nachricht von der neuen Einrichtung des fürstl. Archivs zu Wolfenbüttel anno 1748 nebst einem Plane von demselben* mit 6 Anlagen vor[4].

In der *Nachricht*, deren Anlage A eine Übersicht der ehemaligen Einteilung des Archivs bildet, ist eine eingehendere Gliederung der in dem Plane (= Abb. 8) aufgeführten Sachgruppen innerhalb der 3 Gewölbe niedergelegt. Am Schlusse der Gruppen des 2. Gewölbes ist vermerkt, daß die Akten erst mit der Zeit Heinrichs d. J. begännen und erst nach dem westfäl. Frieden ungleich zahlreicher würden, so daß sich seitdem die Publica in viele Klassen verteilten.

In den Gängen der Gewölbe waren zur Verbesserung der Unterbringungsmöglichkeiten und vorläufigen Ablage niedrige Repositorien

---

[1] Über die beigefügten Handrisse s. oben S. 27 und dazu Abb. 3.

[2] Es bestand damals der Plan, das Archiv im Schlosse unterzubringen. Am 14.1.1747 wurde in einem Reskript dem Hofmarschall v. Krosigk eröffnet, daß das Pagengewölbe und die ganze dabei befindliche Etage im alten Schlosse zur Aufstellung des Archivs bestimmt sei und der Landbaumeister Peltier Anweisung zur Aufmessung des Gebäudeteiles habe. — Dabei liegt der Entwurf dieser Anweisung an P. in französischer Sprache vom gleichen Tage.

[3] Ber. über Verfassung des Hauptarchivs und Lehnsdepartements von 1790. — L Alt Abt. 36 V, 4.

[4] Die *Nachricht* ist datiert vom 21.10.1748. — Eine 2. in Pappe gebundene Ausfertigung, offenbar v. Prauns Handexemplar, enthält viele eigenhändige Nachträge, ferner zahlreiche Zusätze aus dem 19. Jhdt., z. T. über Verlegung einzelner Stücke an andere Stellen; der Band scheint als Bestandsübersicht gedient zu haben. — Wiedergabe des „Planes" s. Abb. 8.

aufgestellt (s. Abb. 8). Ferner hatte v. Praun in einigen weiteren Räumen Archivalien lagern lassen[1]. Auf die vom Archiv völlig getrennten Behördenregistraturen im Kanzleigebäude ist erneut hingewiesen.

Die Anlagen B—D sind Einzelverzeichnisse zu Sachgruppen der *Nachricht*. In der Anlage E sind die Kopial- und Handelsbücher, die Kopialbücher der Stifte und Klöster (auch fremder), allerlei Sammlungen und Urkunden, Lehn- und Salbücher, in Anl. F Handlungs- und Terminbücher der Kanzlei einzeln aufgezählt.

v. Praun hatte bis dahin nur eine grobe Aufräumung vornehmen lassen und bat um Genehmigung zur Herstellung von ins einzelne gehenden Repertorien und Registern gemäß seinem Plane.

Das Ergebnis der Verzeichnung der auf 56 Schränke und 2 Repositorien (mit römischen Zahlen bezeichnet) verteilten sowie in den Behältnissen der Gewölbebogen A—S gelagerten Archivalien (vgl. Abb. 8) liegt in einem mehrbändigen, je aus einzelnen Heften bestehenden späteren Verzeichnisse vor[2]. Einige dieser Hefte sind herausgenommen und dienen noch heute als Findbücher; die Gliederung des gesamten Hauptarchivs ist bei Aufstellung der Bestandsübersicht 1941/1949 der Abteilung 1 der älteren Landesakten zugrunde gelegt.

d) Die zweite große Arbeit von Prauns war ein Plan zur Verzeichnung der Urkunden, den er in einem Vorberichte vom 7. 11. 1748 niederlegte[3]. Im Anschreiben dazu vom 15. 11. 1748 führte v. Praun folgendes aus:

Der Vorbericht sollte einen kurzen Abriß geben, wie es mit den Archiven und Urkunden im Lande beschaffen war. Akten und Urkunden müßten gleichermaßen in Ordnung sein, zumal jene nicht viel über 200 Jahre hinausreichten und aus ihnen die Gerechtsame des fürstlichen Hauses nicht so gut zu behaupten seien wie aus den Urkunden. Die Urkunden des fürstl. Archives allein reichten dazu nicht aus, sondern auch von außerhalb seien Urkunden zu sammeln. Dies sei geschehen, sozusagen als Programm hierfür sei der Vorbericht anzusehen. v. Praun wies darauf hin, daß er zwar nicht als erster eine derartige Sammlung unternahm, daß aber Dr. Georgisch in Halle (Regestenwerk von ganz Deutschland) und Rektor Schoettgen in Dresden (Inventarium historico-diplomaticum Saxoniae superioris) nur gedruckte Urkunden gesammelt und keine Archive gesehen hätten, während in diesem nicht für das Publikum,

---

[1] S. S. 27 Anm. 9.

[2] Datiert 1786. L Alt Abt. 36 II, 16.

[3] *Vorbericht zum Repertorio generali über alle das Gesamthaus und das Herzogtum Braunschweig-Lüneburg betreffenden Urkunden* vom 7. 11.1748.

sondern zum geheimen Gebrauche im Archiv bestimmten Werke meist unedierte Urkunden nicht nur rubriciert, sondern extrahiert seien[1].

Der Inhalt des in 62 Paragraphen eingeteilten *Vorberichtes*, der aus der Absicht, alle Urkunden des Landes nach Trennung von den Akten zusammenzufassen, entstanden und als Anlage des achtbändigen Generalrepertoriums mit alphabetischem Index gedacht war, ist in den Hauptzügen folgender:

Es wird der Bestand an Urkunden im Lande vom 9.—12. Jhdt. kurz angegeben und bemerkt, daß aus dem 12. Jhdt. die ersten durch das herzogliche Haus ausgestellten Stücke stammen. Nach Ausführungen über Urkunden im allgemeinen ist eine kurze Geschichte des Gesamtarchivs in Braunschweig und etwas ausführlicher die des Wolfenbütteler Archivs gegeben. Die weiteren Abschnitte zählen die Hauptkopialbücher auf, erklären den Unterschied zwischen Kopial- und Handlungsbüchern und behandeln Kopial-, Pfand- und Lehnbücher im einzelnen. Besonders großer Raum ist den Stifts- und Klosterkopialbüchern eingeräumt, die nach kurzen allgemeinen Ausführungen im einzelnen beschrieben und besprochen werden, wobei auch über Drucke daraus berichtet wird. Zwei weitere Paragraphen sind Ausführungen über die Urkunden und Kopialbücher der Grafen von Blankenburg/Regenstein und der Edlen von Warberg gewidmet. Während v. Praun in Wolfenbüttel selbst gearbeitet hatte, waren die Hofräte Erath und Lichtenstein damit beschäftigt gewesen, in den Städten Braunschweig und Helmstedt die nötigen Nachrichten über Urkunden der Städte und geistlichen Anstalten zu sammeln. So wird v. Praun in die Lage versetzt, auch die Geschichte des Archivs der Stadt Braunschweig darzustellen, Angaben über die Urkunden, die einzelnen Stadt- und Kopialbücher sowie auch über die Archive verschiedener Spitäler und anderer geistlicher Anstalten zu

---

[1] Wie sehr sich v. Praun bei seinen Arbeiten in die Archivwissenschaft vertiefte, kann man auch einem undatierten, dem Entwurfe des *Vorberichtes* beiliegenden Berichte entnehmen, in dem er sich über den Inhalt der Archive verbreitet. Es ist darin die Entwicklung der verschiedenen Archivaliengattungen kurz dargestellt und der Wert von Urkundensammlungen hervorgehoben, worin nicht leicht zu viel getan werden könne. v. Praun hatte die Bedeutung der Empfängerüberlieferung erkannt; er führte aus, daß aus älteren Zeiten die wenigsten Originale in den fürstlichen Archiven, vielmehr bei den Empfängern, besonders den Stiften und Klöstern, seien, *als welche den ehemaligen Aberglauben, durch milde Stiftungen, Schenkungen und Vermächtnisse den Himmel verdienen zu können, sich wol zu nuze zu machen gewußt.* Die gute Aufbewahrung bei den Klöstern hatte nach v. Praun ihre Ursache darin, daß sie des öftern ihre Rechte gegen Anzweifelungen beweisen mußten. Ferner äußerte sich v. Praun kurz über das Lateinische als Urkundensprache, über Urkundenfälschungen in Schrift und Inhalt und wies auf das Vorkommen alter Abschriften mit echten Siegeln hin.

machen. Auch über das Helmstedter Ratsarchiv wird berichtet. v. Praun hielt es für nötig, daß auch nach den Urkunden in den übrigen braunschweig.-lüneburgischen Landen Umschau gehalten würde und redet sehr entschieden einer gegenseitigen Öffnung der Archive das Wort. Nach einer ausführlichen Aufzählung der Stifte und Klöster, in denen man nachforschen müßte, werden die in Wolfenbüttel vorhandenen Archivalien auswärtiger Klöster erwähnt.

Über die Sammlung und Ordnung der Urkunden hinaus hat sich v. Praun auch schon mit ihrer wissenschaftlichen Nutzbarmachung beschäftigt. Er fordert Diplomataria der Bistümer, Stifte und Klöster und behandelt sehr ausführlich die um Braunschweig liegenden Diözesen sowie die aus deren Urkunden und aus denen der wichtigsten Stifte erschienenen Veröffentlichungen. Nach Ausführungen über Sammlungen von Urkunden betr. verschiedene Orte (Hoffmann, Kotzebue, Leyser und Gruber) schließt der Vorbericht mit Erläuterungen zum alphabetischen Register. —

e) Der Herzog erkannte v. Prauns Arbeiten in einem sehr gnädigen Reskript vom 16.11.1748 an und befahl die Aufstellung von Richtlinien für die weiteren Arbeiten[1]. v. Praun sollte auch unter dem Vorwande der Ausführung eines Indicis Diplomatum von Nieder-Sachsen(!), insbes. der braunschweig.-lüneburg. Lande, durch Aufrufe in den Zeitungen entfremdete Archivalien gegen gute Bezahlung zu bekommen suchen und sich gutachtlich darüber äußern. Eine Reihe weiterer Einzelaufträge des Herzogs knüpften an die entsprechenden Abschnitte in dem soeben dargestellten *Vorberichte* an:

1. Nachforschungen nach der Bibliothek des Blasiusstiftes (§ 22) und Prüfung, ob ihre Herausgabe verlangt werden könnte;

2. Nachforschungen bei den Erben des Leibmedikus Christian Ludwig Kotzebue nach den bei dessen Chronik des Klosters Frankenberg (§ 27) benutzten Urkunden;

3. Mitteilung über Nachforschungen in Walkenried durch den dortigen Amtmann;

4. Hinweise auf Verbleib fehlender Stücke aus dem Stadtarchiv Braunschweig (§ 43) bei den Rehtmeyerschen Erben, in der Cammanschen Bibliothek oder bei den Brüdern des Bürgermeisters u. Gerichtsvogtes Camman;

---

[1] Eigenhänd. Entwurf v. Prauns o. D. enthaltend kurze Richtlinien über Ordnung und Unterbringung der Urkunden ist offenbar daraufhin ausgearbeitet.

5. Ergänzung der Arbeiten des Hofrates Lichtenstein im Helmstedter Stadtarchiv (§ 45);

6. Erinnerung Eraths an die von ihm beabsichtigte Neuherausgabe von Kettners Antiquitates Quedlinburgenses;

7. Versuch, in Goslar Bekanntschaften und dadurch Zugang zum dortigen Archive zu erlangen;

8. die Durchsicht von Archivalien des Stadtarchivs Braunschweig wegen der dortigen geistlichen Güter[1];

9. allgemeine Einrichtung von Visitationen und sonst geeigneten Maßnahmen zur Sicherung und Erhaltung der Archivalien bei den Stiften und Klöstern[2]. —

Der letzte und umfassendste Auftrag war durch v. Praun in den Städten Braunschweig und Helmstedt und bei den Stiften St. Blasius und St. Cyriacus schon erledigt[3]. Für alle geistlichen Stiftungen empfahl er die Anordnung von regelmäßig wiederkehrenden Bestandsprüfungen und der Ablieferung von Verzeichnis-Abschriften an das Hauptarchiv. Auch drang v. Praun auf die Anwendung der Verordnung über die Amtsregistraturen vom 17. 6. 1746 auf die Stadt Wolfenbüttel und die kleinen Städte und Flecken und schlug endlich eine Anweisung an das Konsistorium vor, durch die Kirchenvisitatoren aufgestellte genaue Verzeichnisse aller aufgefundenen Originale oder Kopien einzufordern.

f) Nach der Einrichtung des Wolfenbütteler Archivs im großen legte v. Praun schon im Juli 1749 die erste umfangreiche Einzelarbeit daraus vor, ein *Vollständiges Verzeichnis aller in dem durchl. Hause Braunschw.-Lüneburg errichteten Verträge, Theilungs-Rezesse, Erb-Vereinigungen und testamentlicher Verordnungen*. Die Zusammenstellung enthält knappe Regesten in zeitlicher Folge mit Angaben über die Überlieferung (Or. mit Zahl der Siegel). Die früheren Verzeichnisse erfaßten nach v. Prauns Angabe noch nicht ein Drittel der hier aufgeführten Stücke. Diese sollten in den nächsten Jahren kopiert werden, wozu die Herausgabe einer Urkunde von 1218 für das Blasiusstift aus dessen Archiv ausdrücklich genehmigt wurde. Dem Berichte waren zwei kleine Abhandlungen über die Komtureien Lucklum und Süpplingenburg beigefügt. —

---

[1] Nach Postskriptum zum Reskr. vom 16. 11. 1748, Abschr. aus Nachlaß v. Prauns, die dem Entwurfe in L Alt Abt. 36 V, 2 beigefügt ist.

[2] Postskriptum L Alt Abt. 36 VI C, 3.

[3] Bericht vom 25. 2. 1749. — L Alt Abt. 36 VI C, 3.

Durch seine Arbeiten hatte sich v. Prauns Stellung im Archiv so sehr gefestigt, daß fast alle Geschäfte durch ihn erledigt wurden. Die Anfragen des Herzogs wurden seit 1747 nur noch an ihn gerichtet. Seit dieser Zeit trieb er auch die in seinem Vorberichte zum Generalrepertorium angedeuteten Arbeiten voran. Sie betreffen zwar in der Hauptsache die Archivalien außerhalb des Wolfenbütteler Archivs, aber doch meist Bestände, die später in dieses gelangten. Daher soll in den folgenden Abschnitten ein kurzer Überblick darüber gegeben und sollen den Vorbericht ergänzende Nachrichten mitgeteilt werden.

2. Das Stadtarchiv, das Archiv des Waisenhauses BMV und die kirchlichen Archive in Braunschweig[1])

Zumal das heute im Stadtarchiv verwahrte umfangreiche Archiv des staatl. Waisenhauses Beatae Mariae Virginis verdankt zweifellos den Bestrebungen v. Prauns viel. Unter Leitung des Hofrates Erath[2] war seit 1744 der Advokat Stisser an der Ordnung des Stadt- und Waisenhausarchivs tätig. Für dieses schuf Erath ein Repertorium, das später vom Hofrat Lichtenstein vervollständigt wurde[3]. Nach Eraths Entlassung 1747 arbeitete Stisser unter v. Prauns Oberaufsicht weiter; ihm gelangen während dieser Zeit einige glückliche Archivalienfunde. So entdeckte er 1749 im Waisenhausarchive in einer mit allerhand Papieren gefüllten Wandschieblade mehr als 100 Urkunden des 13./14. Jhdts., besonders von braunschweigischen Herzögen, mit der Aufschrift *Getrocknete Sachen im Jahre 1740*. Die Urkunden waren damals bei einer Überschwemmung stark beschädigt, das Pergament „in Schwarten zusammengelaufen und mit einer fettigen Schlammerde überzogen". 1750 konnte Stisser verschiedene Archivalien für das im Neustadtrathaus gelegene Stadtarchiv kaufen und im Dezember ds. Js. fand er 5 Schränke mit dorther stammenden Archivalien. 1751/52 gingen die Arbeiten weiter. Stisser entdeckte in einem Schranke des großen Rathaussaales eine Reihe von Stadtbüchern des 13.—16. Jhdts. und auf einem Gesimse im Waisenhause zwei weitere Urkunden. Das Stadtarchiv wurde anläßlich eines Baues am Neustadtrathause auf dessen Vorsaale untergebracht. Auch für dieses Archiv wurde von Stisser ein Repertorium 1753 vollendet. Es umfaßte, wie das des Waisenhauses, die Bestände aus der Zeit vor 1500, weil man bei der Bearbeitung vornehmlich nur die

---

[1] Quelle zu Abschnitt 2: L Alt Abt. 36 V, 3.
[2] Über ihn s. unten S. 69f.
[3] Bericht v. Prauns vom 19. 5. 1760 in L Alt Abt. 36 VI C, 3. — Repertorium s. jetzt Hs Abt. VII D Nr. 5 und 6.

Geschichte im Auge hatte und bei den Archiveigentümern nicht der Verdacht erregt werden sollte, als wolle man unter einem Vorwande ihnen Nachteiliges entdecken. Daher hatte man auch das sog. neuere Archiv der Stadt Braunschweig nicht berücksichtigt[1].

In derselben Weise wie bei der Stadt Braunschweig und dem staatlichen Waisenhause ging v. Praun zunächst auch bei den dortigen geistlichen Anstalten vor. Er ließ sich für landesgeschichtliche Forschungen 1747 vom Dechanten v. Schrader Erlaubnis zur Durchsicht des Archives des Cyriacusstiftes und zur Anfertigung von Urkundenabschriften erteilen; auch die Kopiare wurden ihm überlassen. 1748 wurden aber das Blasius- und das Cyriacusstift durch hzgl. Reskript ausdrücklich angewiesen, v. Praun zu Forschungen zur Landesgeschichte und Feststellung der Gerechtsame des herzoglichen Hauses alle Archivbestände und die Registraturen zugänglich zu machen. Ein Archivplan des Blasiusstiftes, Regesten der im Ordinarius s. Blasii enthaltenen Urkunden mit einigen Angaben über Druckorte sowie eine Liste der Canonici von 1297 bis 1519 in zeitlicher Folge zeugen von der besonders 1750/51 geleisteten Arbeit v. Prauns.

1748/49 wurde das Archiv des Ägidienklosters gründlich untersucht; auch die an die Universität Helmstedt gekommenen Urkunden dieses Klosters und die von St. Marien vor Gandersheim wurden aufgenommen[2]. Noch im August 1753 waren die Arbeiten nicht beendet, wie eine Sendung von Urkunden der Klosterratsstube an das Archiv zeigt. Von den Urkunden des St. Thomae-Hospitals fertigte v. Praun Regesten mit Ortsverzeichnis, ebenso eine Beschreibung der Kopialbücher des Kreuzklosters, von denen er 2 im Archiv behielt. Ein Verzeichnis der Urkunden der St. Ulrici-Kirche enthält zahlreiche Zusätze von seiner Hand. Das besondere Interesse v. Prauns erregte die älteste Urkunde der Magni-Kirche von 1031. Schon 1747 schlug er vor, den Magistrat oder Generalsuperintendenten in Braunschweig zur Einsendung aller Urkunden von St. Magni, insbesondere der vermutlich noch vorhandenen Urkunde von 1031, aufzufordern und das im Besitze des Pastors v. Kalm an St. Magni befindliche Buch des ehem. Offizialgerichtes „mit gutem Glimpf an sich zu bringen[3]". 1756 wurde der Magistrat angewiesen, die Urkunde von 1031 im Archiv in Wolfenbüttel zu hinterlegen[4]. Etwa 120 Originalurkunden der Andreas-Kirche verzeichnete der Archivkanzlist Woehner um 1750[5].

---

[1] Bericht v. Praun a. a. O.
[2] Bericht v. Praun vom 5. 2. 1748. L Alt Abt. 36 V, 2 Vol. 2.
[3] L Alt Abt. 36 VI C, 2.
[4] Hzgl. Reskr. v. 17. 9. 1756. — L Alt Abt. VI C, 3.   [5] L Alt Abt. 36 V, 2 Vol. 2.

3. Die Archive der Stifter und Klöster im Lande

Schon aus dem Dezember 1745 ist ein Verzeichnis der Urkunden des Archivs des Klosters Marienthal erhalten[1]. Die durch v. Praun veranlaßten Nachforschungen und Ordnungsarbeiten erstreckten sich in der Hauptsache über die Jahre 1747—1750. Während dieser Zeit wurden die Urkunden und Kopialbücher der Klöster zum größten Teile durch die Klosterratsstube an das Hauptarchiv gesandt[2]. Aber v. Praun überzeugte sich anschließend auch durch Besuch an Ort und Stelle, wie es um die Klosterarchive stand und nahm sich selbst die ihm wichtig erscheinenden Archivalien zur Bearbeitung mit nach Wolfenbüttel[3]. Eingehende Nachforschungen stellte v. Praun 1750 nach den Schicksalen des Klosterarchivs Amelunxborn an.

4. Zugänge des Wolfenbütteler Archivs

Außer den durch v. Prauns soeben geschilderte Tätigkeit ins Archiv gekommenen Einzelstücken, bes. Kopialbüchern, wuchsen diesem während jener Zeit auch einige größere Ablieferungen zu.

v. Praun und Burckhard konnten im Juni 1748 vom Blasiusstifte einige Amts- und Kriegsakten sowie fast 100 Urkunden des 14.—16. Jhdts. (meist Erbverträge des herzoglichen Hauses, ferner betr. den Rammelsberg, die Herrschaft Homburg, Brandenburg und Hessen sowie Sophie von Polen, die Gemahlin Heinrichs d. J.) mitnehmen. Über die Herkunft dieses in einem Schranke verwahrten Bestandes wußte niemand etwas; v. Praun vermutete wohl mit Recht, daß er aus der Zeit des Aufenthaltes der Zentralbehörden in Braunschweig 1627—1644 herrührte[4]. Im Oktober 1748 wurden Originalurkunden aus Blankenburg abgeliefert, 1756 fürstl. Ehepakten ab 1733, 1757 Papiere der Klosterkasse, 1770 Originalurkunden der Kammer.

An kleinen Erwerbungen gelangten ins Archiv: einige Beamtennachlässe[5], verschiedene Stücke durch Ankäufe[6], durch Schenkung des Kanzleisekretärs Lampadius[7] und durch Hinterlegung[8].

---

[1] Von Joh. Röttger Mitgau und J. D. Wesemann; 17. 12. 1745.

[2] Z.B. Quittung v. Praun über 2 Kopialbücher von Steterburg vom 12. 6. 1747. — Größere Zusammenstellung der Klosterratsstube vom 12. 2. 1752. — 1747 Übernahme der Archivalien von Michaelstein.

[3] So im August 1753 im Stift Königslutter.

[4] Hierzu und zu Anm. 6—8 s. L Alt Abt. 36 VI C, 3.

[5] 1753 aus Nachlaß des Registrators Nolten 10 Konvolute Hss.; 1754 die Papiere des Grenzrates Schlüter; 1761 Akten aus dem Nachlasse des Kammerpräs. und Geh. Rates Fr. v. Heimburg. —

[6] 1747 aus der Bibl. des † Prof. Bütemeister in Helmstedt 13 Urkunden von

Wegen der betroffenen Stücke bemerkenswert ist ein 1747 auf Anregung v. Prauns vorgenommener Tausch, durch den das Archiv von der herzogl. Bibliothek ein Kopialbuch des Klosters Amelunxborn von etwa 1439 gegen Hergabe eines handschr. Bibliothekskataloges, den Herzog Friedrich Ulrich der Universität Helmstedt geschenkt hatte, und einer handschriftl. braunschweig.-lüneburg.-göttingischen Chronik des bekannten Chronisten Pastor Joh. Letzner erhielt[1].

Im Juli und Oktober 1765 wurden mit eigenhändigem Billet und einer Kabinettsorder des Herzogs Karl an Geh. Rat v. Praun mehrere Kisten, Koffer und Verschläge aus seinem Kabinett zur vorläufigen Verwahrung in das Archiv gebracht, wo sie im Anschlusse an die Geh. Ratsregistratur aufgestellt wurden. Der Kabinettssekretär Liebeherr hatte dazu nach den einzelnen Behältnissen gegliederte Verzeichnisse gearbeitet, wozu der Archivregistrator Meyne einen Namenweiser fügte. Das zu einem Sammelbande zusammengefaßte Hilfsmittel wurde als *Liebeherrische Designation* lange benutzt; erst 1860 wurde ein Teil, 1888 der Rest der Schriftstücke mit den bestehenden Archivabteilungen vereinigt. Es handelte sich bei dieser Abgabe besonders um fürstliche Korrespondenzen und Blankenburger Sachen, von denen Wäterling 1828 zweifellos zu Unrecht bemerkte[2], sie seien ohne Wert und könnten längst kassiert werden; auch sei das Verzeichnis schlecht. Immerhin fanden sich darin u. a. ausgedehnte fürstl. Familien- und umfangreiche Korrespondenzen des 18. Jhdts., die die geschichtliche Forschung keinesfalls missen möchte[3].

5. *Benutzung des Wolfenbütteler Archivs*

Über die Benutzung des Archivs liegen aus der Zeit von etwa 1745 bis 1775 nicht so viele Nachrichten vor wie aus der vorhergehenden Periode. Natürlich wurden laufend Auskünfte an die Verwaltung erteilt, 1747 z. B. auch an die preußische Kriegs- und Domänenkammer in Halberstadt[4], aber die unmittelbare Archivbenutzung beschränkte sich, soweit es sich heute feststellen läßt, auf Einzelfälle. Von diesen seien erwähnt die Überlassung einer Urkunde des Klosters Riddagshausen

---

Hildesheim und Walkenried f. 40 Tlr. (L Alt Abt. 36 III, 12 und VI C, 2); 1748 Bücher und Dokumente aus Auktion des Geh. Registrators Alberti.

[7] 18. 11. 1749 24 Bde. von seinen Vorfahren gesammelte Mskr. betr. das fstl. Haus und die westfäl. Friedensverhandlungen.

[8] 1760 v. Honrodt-Veltheim 2 Koffer mit v. Blücherschen Familienpapieren und Geld.

[1] L Alt Abt. 36 VI C, 2. — Das Kopialbuch jetzt Hs Abt. VII Gr. B Nr. 109.

[2] Auf einem losen Blatte in dem Sammelbande.

[3] L Alt Abt. 36 II, 16 Bd. 5. [4] L Alt Abt. 36 VI C, 2.

von 1146[1] zum Abdrucke und zur Verfertigung eines Kupferstiches an den Hofrat Scheidt in Hannover i. J. 1752 und die Erlaubnis für den Professor Hofrat Dr. Haeberlin in Helmstedt zur Durcharbeitung der einschlägigen Bestände für eine Disputation über die dem herzogl. Hause zustehenden beiden evangelischen Domherrenstellen in Straßburg[2].

6. Die weitere Tätigkeit v. Prauns im braunschweigischen Archivwesen

Die grundlegenden Arbeiten v. Prauns im Hauptarchiv[3] hatten die saubere Trennung von Urkunden und Akten zum Ziele. Seine Gliederung der Bestände führte zu deren Aufstellung nach geschlossenen Registraturen, worauf später weiter aufgebaut werden konnte. Wie seit etwa 1660 der Lehnssekretär innerhalb der Justizkanzlei das Archiv mit besorgte, so versah seit Anfang des 18. Jhdts. ein stimmberechtigtes Mitglied jenes Kollegiums neben dem Lehnswesen zugleich die Geschäfte des Archivs, *weil jenes einen Teil von diesem ausmacht und die Besorgung deßen nicht ohne saemtliche Acta, um sich daraus zu ersehen, unter sich zu haben, nicht wol zu bewürcken ist*[4]. Hieran änderte sich während der weiteren, noch über 20 Jahre währenden Wirksamkeit v. Prauns für das Archiv nichts.

Eine umfassende Würdigung der Persönlichkeit und des gesamten Lebenswerkes v. Prauns, denen die bisher vorliegenden Veröffentlichungen[5] noch nicht in gebührender Weise gerecht werden, würde den Rahmen einer Archivgeschichte überschreiten. Nur die wichtigsten

---

[1] Vgl. jetzt MGH. K. Jordan, Die Urk. Heinrichs d. L. (Weimar 1941/49) Nr. 7 und Vorbem. dazu.

[2] L Alt Abt. 36 VI C, 3.

[3] Diese für die drei Gewölbe im Erdgeschosse und das ostw. anschließende besondere Gewölbe mit Eingang von der Straße zuerst durch v. Praun verwandte Bezeichnung (Plan zur Sciagraphia vom 17. 8. 1745 (L Alt Abt. 36 V, 2), Anl. z. Ber. vom 5. 12. 1746 (= Abb. 3) und Abb. 8) bürgerte sich neben Generalarchiv (z. B. 12. 2. 1752, Ber. d. Klosterratstube in L Alt Abt. 36 V, 3) bald ein (z.B. Klosterratstube am 7. 8. 1753 ebda.) und wurde seit etwa 1760 die Regel. Vgl. z. B. L Alt Abt. 36 VI C, 3 und Ber. v. Prauns vom 5. 9. 1766 in L Alt Abt. 36 V, 4.

[4] Zuerst Röber s. oben S. 51. — Vgl. im übrigen Ber. v. Prauns vom 5. 9. 1766 betr. Wiederbesetzung des fstl. Archiv- und Lehnsdepartements L Alt Abt. 36 V, 4.

[5] J. A. Remer, Lebenslauf v. Prauns in: G. S. A. v. Praun, Braunschweigisches und Lüneburgisches Siegelkabinett, Braunschweig 1789. — P. Zimmermann in: Allgem. Deutsche Biographie Bd. 26 (Leipzig 1888) S. 536—538. Vgl. auch O. v. Heinemann, Die Hzgl. Bibliothek in Wolfenbüttel (Wb. 1894) S. 147f. Daraus und aus v. Prauns selbstverfaßtem Lebenslaufe (Abschr. von 1887 L Alt Abt. 36 V, 2) folgende Daten: * Wien 4. 8. 1701. Eltern: Tobias Sebastian v. Pr., kaiserl. Rat in Wien, und Anna Marie geb. v. Fabrice. Mit seiner seit 1710 verwitw. Mutter in Regensburg, Weißenburg i. Nordgau und Onolzbach. 1721—1723

Umstände aus seiner weiteren archivarischen Tätigkeit können hier kurz geschildert werden; alles übrige muß einer Darstellung von anderer Seite vorbehalten bleiben. Sein Bild (Abb. 7) mag dem Beschauer zunächst einen gewissen Eindruck von seiner Persönlichkeit verschaffen.

Seit 1749 war v. Praun Vizekanzler und damit Chef der Justizkanzlei und unmittelbarer Vorgesetzter des Geh. Justizrates und Archivars Burckhard. Dieser übte seit etwa 1746 eigentlich nur noch Verwaltungsgeschäfte am Archiv aus und versah im übrigen das Lehnsdepartement[1], während v. Praun zunächst fast allein, bald aber unterstützt vom Hofrate Koch die an das Archiv gerichteten Anfragen erledigte[2]. Vor allem förderte v. Praun aber die Ordnungsarbeiten in Wolfenbüttel und im Lande teils selbst, teils durch Einsatz seiner Mitarbeiter, die ihm in einem Maße zur Verfügung standen, wie sie das Archiv in späterer Zeit nie wieder gehabt hat.

Das Schwergewicht dieser Arbeiten lag neben der Einzelverzeichnung von Beständen des neu gegliederten Hauptarchivs auf der Erfassung aller in den Archiven und Registraturen des Landes befindlichen und auch der schon gedruckten Urkunden in dem im Vorberichte von 1748 geplanten, noch erhaltenen achtbändigen Generalrepertorium. Auch die kirchlichen und Gildeurkunden waren nach Möglichkeit darin berücksichtigt. Das Werk war 1760 einschl. Index zustande gebracht[3].

Daneben wurde v. Praun zur Erstattung von Gutachten und zur Anfertigung von Ausarbeitungen für den Erbprinzen Karl Wilhelm Ferdinand herangezogen[4]. Viel umfassender als diese Tätigkeit war aber

---

Studium in Altdorf. 1725 fürstl. öttingenscher Hofjunker, als solcher 1727 nach Blankenburg und am 17. 3. 1727 dort hzgl. Kammerjunker, 1728 Hofrat an der Kanzlei. 1731 nach Wolfenbüttel in die Kanzlei versetzt, auch Assessor im Hofgerichte. 18. 4. 1736 Geh. Justizrat. Seit 1744 wissenschaftlich, seit November 1746 amtlich im Archiv tätig (vgl. oben S. 56 ff.). Nov. 1751 Oberaufsicht über die herzogl. Bibliothek. 6. 1. 1765 wirkl. Geh. Rat bei der Justizkanzlei und dem Konsistorium. Sept. 1771 von den wöchentl. Reisen nach Braunschweig und den kurrenten Geschäften seines Departements in der Geh. Ratsstube dispensiert. 1773 nach Braunschweig versetzt und auch Präsident des Kriegskollegiums. † Braunschweig 1. 5. 1786. — Übersicht über das ältere Schrifttum betr. v. Praun bei Karl Gesenius, Lexicon eruditorum Brunsvicensium (= Hs Abt. VI Gr. 10 Nr. 1) Bd. 3 S. 153.

[1] Z. B. Beeidigung der Beamten (L Alt Abt. 36 V, 2) und Beteiligung bei Öffnung des Gesamtarchivs. — Ber. v. Prauns vom 5. 9. 1766, L Alt Abt. 36 V, 4.

[2] L Alt Abt. 36 VI C, 3.

[3] Ebda. Ber. v. Prauns vom 19. 5. 1760.

[4] Z.B. 1749 Prüfung von Fr. A. Wolterecks Mskr. *Kurzer Begriff Br.-Wolfenb. Landesordnungen und Gesetze* vor Erteilung der Druckerlaubnis; 1750 Zusammen-

v. Prauns Schriftstellerei. Die in V. Loewes Bibliographie (Nr. 2, 2576 und 4854) angeführten Titel geben bei weitem keine Vorstellung vom Umfange und der Vielseitigkeit der v. Praunschen Arbeiten. Die Handbücherei des Staatsarchivs enthält 6 weitere seiner Druckschriften, in der Hauptabteilung Handschriften sind Dutzende v. Praunscher Ausarbeitungen und Abhandlungen vorhanden, die immer wieder mit Nutzen von der Forschung herangezogen werden. Die Akten des ehem. Landeshauptarchivs enthalten schließlich Nachrichten über zwei Arbeiten, die v. Praun 1749 und 1750 Herzog Karl I. überreichte[1].

Alles in allem bedeutete die vielfältige Wirksamkeit v. Prauns einen besonders bedeutsamen Abschnitt in der Geschichte des Wolfenbütteler Archivs.

7. *v. Prauns Mitarbeiter*

Bei Beginn der Neuordnungsbestrebungen hatte man sich offenbar eines schon erfahrenen Fachmannes versichern wollen und am 11. Oktober 1742 den abteil. quedlinburgischen Hofrat und Archivar Anton Ulrich Erath[2] als Hofgerichtsassessor nach Wolfenbüttel berufen. Er erhielt am 5. 12. 1742 eine Bestallung als solcher und *bis zu vorfallender anständiger Bedienung* zu verschiedenen Arbeiten im Archiv und anderen Departements mit 500 Tlr. Besoldung. Erath führte sich mit einer umfangreichen Denkschrift ein: *Kurzes Bedenken von Einrichtung eines fürstl. Archivs, wie solches im Stande zu erhalten und was ein Archivarius dabey allenthalben zu beobachten habe.* Eine kürzere Arbeit *Unmaßgeblicher Vorschlag, wie in hiesigem Herzogthum ein Fürstl. Haupt- und Landesarchiv anzuordnen* ist datiert vom 24. 7. 1743. Die Hälfte des von Erath herausgegebenen Conspectus Historiae Brunsvicensis wurde für 250 Tlr. von

stellung von Sammlungen aus den Comitial-Relationen; 1760 über kirchenrechtl. Verhältnisse (Ber. v. 2. 6. 1760 betr. Abtretung der Pfarre Gr.-Denkte an das Stift Gandersheim gegen das Patronat über die Primariatpfarre Gandersheim mit den eingepfarrten Orten Seboldshausen und Wrescherode und unmittelbare Unterstellung dieser Pfarre unter das Konsistorium); 1764 Anleitung für den Erbprinzen *Wie zu Kenntnis der hies. Landesverfassung und bes. der Rechte und Befugnisse der hies. Landstände zu gelangen;* 1771 für dens. ein Verzeichnis der adl. Güter und Gerichte und eine Ausarbeitung über die Herzogtümer Bremen und Verden. — Sämtl. L Alt Abt. 36 VI C, 3.

[1] Ebenda.
[2] * Braunschweig (Dom) 17. 3. 1709; Vater: Kommendist zu St. Blasii Erath. Bei Schriftwechsel 1750/51 wegen Nachrichten über Eraths † Vater heißt es, dieser sei vor seiner Niederlassung in Braunschweig kathol. Prälat gewesen. Zu den folgenden Angaben s. L Alt Abt. 36 V, 3; im übrigen jetzt O. Renkhoff, Anton Ulrich von Erath 1709—1773. In: Nassauische Lebensbilder Bd. 4. 1950. S. 54—66.

der herzogl. Kammer übernommen. Die praktische Arbeit Eraths beschränkte sich aber, wie schon erwähnt wurde (oben S. 63), auf das Stadtarchiv und das Waisenhausarchiv in Braunschweig. v. Prauns Tätigkeit und Stellung rückten ihn offenbar schnell in den Schatten, so daß er im Sommer 1747 als Regierungsrat und Archivar nach Dillenburg ging[1]. Erath starb in Dillenburg am 26. 8. 1773.

Bei der Neuordnung in Wolfenbüttel fanden seit 1742 Verwendung der Grenzsekretär Fricke in dem bei dieser Gelegenheit als besondere Abteilung erwähnten Grenzarchiv, die Sekretäre Koch und Schilling für das übrige Archiv (s. oben S. 55); alle drei wurden am 9. 2. 1743 auf diese Tätigkeit beeidigt[2].

Während in der Zeit vor 1742 durchweg nur zwei Beamte am Archive tätig waren und beide auch andere Ämter zu versehen hatten, tritt mit der Neuordnung des braunschweigischen Archivwesens eine ganze Gruppe von Beamten in Erscheinung, die nur oder doch so überwiegend mit dieser Aufgabe beschäftigt waren, daß darin wie auch in der dabei — wie im 18. Jhdt. allgemein — eintretenden mannigfaltigeren Gliederung des Beamtentumes in verschiedene Stufen eine merkliche Änderung des früheren Zustandes erblickt werden muß.

Die Heranziehung des Sekretärs für Grenzsachen, die an sich einem Rate der Justizkanzlei unterstanden und in ihr eine eigene Abteilung bildeten[3], erfolgte zweifellos wegen der Einbeziehung des bei dieser Gelegenheit zuerst erwähnten Grenzarchivs in die allgemeine Neuordnung, zugleich aber auch wohl infolge persönlicher Eignung und des Fehlens eines anderen befähigten Beamten. Heinrich Ludwig Fricke, zum Unterschiede von seinem Sohne und Nachfolger Johann Heinrich als d. Ä. bezeichnet[4], war während seiner Tätigkeit als Kanzlei- und Grenzsekretär außer mit Ordnungsarbeiten am Archiv auch mit geschichtlichen

---

[1] Werner in: Allgemeine Deutsche Biographie Bd. 6 (Leipzig 1877) S. 182f. — Dort auch die wichtigsten von E. verfaßten Schriften. — Renkhoff a. a. O. S. 56.

[2] L Alt Abt. 36 V, 2 Bd. 2.

[3] Zuerst 1706 Joh. Just Voigt als Grenzrat, 1731 Schlüter; s. v. Praun, Verzeichnis d. fürstl. Räte usw. d. Kanzlei in Wolfenbüttel, Ldsch. Bibl. 3067 unter Ziff. 54 und sein Bericht v. 5. 9. 1766. L Alt Abt. 36 V, 4. — Vgl. auch oben S. 27 Anm. 8. — Das Grenzarchiv hat sich so entwickelt, daß es ein selbständiger Bestand (L Alt Abt. 26) blieb und auch noch der 1816 geschaffenen Lehns- und Gränz-Commission diente.

[4] ⚭ Wolfenbüttel (BMV.) 24. 1. 1706; Vater: Kanzlist, späterer Kanzleifiskal Johann Fricke. — Immatr. Helmstedt 4. 7. 1725; als Kanzleisekretär ⚭ Wolfenbüttel (BMV.) 31. 7. 1732 Anna Elisabeth Meyer, Tochter des Kauf- und Handelsmannes Joh. Cornelius Meyer in Wolfenbüttel.

Forschungen beschäftigt. Aus den Jahren 1742 ff. sind verschiedene seiner Handschriften erhalten[1]. Fricke wurde 1748 in der Klasse der Kanzleisekretäre rangierender Grenzrat und starb als solcher in Wolfenbüttel am 5.4.1760[2].

Schillings Mitarbeit läßt sich nur für die Jahre 1742—1745 nachweisen[3]. Er dürfte personengleich sein mit dem seit 1739 als Sekretär in der Justizkanzlei tätigen späteren Hofgerichtsassessor, seit 17.9.1752 Hofrat, Georg Ludwig Schilling, der in Wolfenbüttel (BMV) am 10.12. 1754 im 48. Jahre starb[4].

Ganz anders war die Laufbahn des Heinrich Andreas Koch. Schon am 4.8.1736 wurden ihm die Registratur der Geh. Ratsstube und Sachen der Kriegskanzlei übertragen[5]. 1740 befand er sich noch in dieser Stellung. Seit 1742 am Archiv tätig. Ab 1744 100 Tlr. Zulage. Seit 1745 trat er mehr hervor, erhielt selbst unmittelbare Aufträge zu Nachforschungen im Archiv, erteilte selbständig Auskünfte daraus und war v. Praun eine

---

[1] Historische Sammlungen. 1742 (Hs Abt. VI Gr. 7 Nr. 26). — Braunschw.-Lüneburg. Geschichte. Unvollendet. Etwa 1742 (Hs Abt. VI Gr. 6 Nr. 13). — Collectio diplomatum ineditorum 944—1524. Aus dem Archiv in Wolfenbüttel (Hs Abt. IV Nr. 57). — Nachr. von d. Erbteilungsrezessen des Hauses Br.-Lüneb. (Hs Abt. VI Gr. 8 Nr. 18). — Beschreibung der äußeren Grenzen des Herzogtums (Hs Abt. VI Gr. 14 Nr. 77). — Verzeichn. der Beamten in Wolfenbüttel (Kanzler, Statth., Räte). Mit Nachträgen v. Prauns (Hs Abt. VI Gr. 10 Nr. 17). — Antiquitates Bartenslebienses (Hs Abt. VII A Gr. 10 Nr. 89). — Gemeinsam mit Sekr. Meine und Hofrat Koch: Verzeichnis der Wüstungen des Landes Braunschweig (Hs Abt. VI Gr. 14 Nr. 83).

[2] Br. Anzeigen 1748 Sp. 973 u. 1760 Sp. 492. — v. Praun, Ldsch. Bibliothek 3069, Abschn. Sekretarii. — Kirchenb.

[3] S. oben S. 55 und auch Hs. Abt. VII B Nr. 337.

[4] Slg Abt. 49. — Br. Anzeigen 1752 Sp. 1852. — Kirchenb. — ∞ Wolfenb. (BMV) 14. 2. 1746 Anna Sophia v. Adenstedt, Witwe des Obersalzverwalters Garson in Salzliebenhalle.

[5] ∗ Helmstedt (St.Stephani) 2. 6. 1707, Eltern: Prof. der Philosophie u. Theologie D. Cornelius Dietrich Koch, ∞ Pabstorf 3. 5. 1705 Anna Dorothea Hacke, Tochter des Pastors Hacke (Kirchenb.) — 17. 7. 1723 immatrikuliert in Helmstedt, 1730 von Juristenfakultät H. zum Notar ernannt. — Sekretär bei Geh. Rat v. Münchhausen. In H. erste größere Schrift verfaßt: Tractatio iuridico-hist. de exspectativis et investitura eventuali. Praemissa epist. Jo. Pauli Kressii — ed. Henr. Andr. Koch. Helmstedt 1735. — Wenn Koch 1743 dem Geh. Rat von Schrader schrieb, er habe nie eine öffentliche Schule oder ein Gymnasium besucht, sei in keinem Orte gewesen, wo derartiges anzutreffen, er habe sich um Schulsachen gar nicht gekümmert (Abschr. in L Alt Abt. 36 V,2), so dürfte das übertrieben sein.

Die weiteren Nachrichten, soweit ohne Quellenangabe, aus Kochs Personalakten in L Alt Abt. 36 V, 3 u. P. Zimmermann, Allgem. Deutsche Biographie Bd. 16 (Leipzig 1882) S. 379 f.

bewährte Stütze[1]. Er wurde am 12. 8. 1747 zum Hofrat in der Justizkanzlei ernannt, offenbar gegen seine Neigung[2]. Koch lag anscheinend
mehr an stiller Gelehrtentätigkeit in Wolfenbüttel. Denn wiederholte
Anträge, außerhalb gute Stellungen anzunehmen, lehnte er stets ab[3].
Außer zwei Schriften über Otto v. Tarent[4] und einer ohne Namen veröffentlichten Arbeit aus der Geschichte der Gerichtsverfassung[5] verfaßte
Koch den *Versuch einer Pragmatischen Geschichte des durchlauchtigsten
Hauses Braunschweig und Lüneburg* (Braunschweig 1764), über den sich
v. Praun sehr günstig aussprach[6]. Koch stand in Briefwechsel über
wissenschaftliche und Rechtsfragen mit dem hannoverschen Biblio-
thekar Chr. Ludwig Scheidt (1755—1757), mit dem Kammerpräsidenten
August Wilhelm v. Schwicheldt (1754—1766) und dem Hofrat Graf

---

[1] L Alt Abt. 36 VI C, 2 und VI C, 3 (1754—56 und 1760—1765). Hier auch
KabO. v. 25. 12. 1764 an Koch wegen Erstattung eines Gutachtens über Abtretung
der Kontribution, Biersteuer und Branntwein-Akzise an die Landschaft und damit
zusammenhängende Fragen.

[2] So auch K. Gesenius a.a.O. Bd. 2 S. 303. — Vor seiner Ernennung war
K. 1747 in der General-Landesvermessungs-Commission tätig. Es handelt sich
(was Hermann Voges, Die allgem. Landesvermessung im Lande Braunschwg.,
Jhb. d. Braunschw. Geschichts-Vereins 2. F. Bd. 9 (1937) S. 14, offen läßt) tatsächlich um Heinr. Andr. Koch, wie Aufforderung des Hofrats v. Schrader zur
Teilnahme an einer Sitzung der Verm.-Commission vom 19. 5. 1747 beweist (L Alt
Abt. 36 V, 3). Koch ist also keineswegs bald nach Einrichtung der Kommission
verstorben, sondern wohl infolge seiner anderen Verwendung aus ihr ausgeschieden.
— 1748 besorgte K. die Expedition in Schatzangelegenheiten. Ab 1750 Besoldung
der wirkl. Hofräte von 600 Tlr. Im gleichen Jahre wurden ihm die Expedition der
Kriegskassensachen und die Militärregistratur abgenommen.

[3] So 1749 die Aufforderung, als Nachfolger des † Archivars Reimers (vgl.
M. Bär, Gesch. des Staatsarchivs Hannover S. 26) nach Hannover zu kommen,
1755 die Nachfolge des Prof. Köhler in Göttingen anzutreten; im gleichen Jahre
zeigte sich Koch bei abermaliger Aufforderung durch den Kammerpräsidenten
Aug. Wilhelm v. Schwicheldt geneigt, nach Hannover zu gehen, lehnte 1758
das amtliche Angebot der Ernennung zum Hofrat an der Justizkanzlei aber
doch ab und entschuldigte sich mit seiner sehr großen Ungeschicklichkeit.
v. Schwicheldt schätzte Koch sehr und bat ihn trotz der Absage um Vorschlag
einer geeigneten Person für die Besetzung einer Oberappellationsratsstelle in
Celle.

[4] Beide ohne Verf. — Ottonis cognomento Tarentini ducis Brunsvicensis vita
et res gestae. Brunsv. 1746. — Supplementa vitae Ottonis Tarentini, O. O. u. J.
[1753].

[5] O. Vf., Anmerkungen von den Westfälischen Gerichten, auch den vormahligen
Land-Gerichten in Teutschland. O. O. [Wolfenb.] 1751.

[6] Ber. an den Frbprinzen v. 30. 10. 1764. LHA. VI C, 3. — S. V. Loewe,
Bibliographie der Hannoverschen und Braunschweigischen Geschichte. Posen
1908. Nr. 503 und P. Zimmermanns Urteil in Allgem. Deutsche Biographie
Bd. 16 (Leipzig 1882) S. 380.

Joh. Martin v. Stolberg-Roßla (1755—1766[1]), dem er auch bei Bücherankäufen behilflich war. Aus Kochs nachgelassener Bibliothek kamen 1767 erhebliche Teile in die Bibliothek in Wolfenbüttel und in das Archiv [2]. Nach Burckhards Tode übernahm 1764 Hofrat Koch die Leitung des Archivs, die unter v. Prauns Oberaufsicht tatsächlich mehr und mehr an ihn gefallen war, auch amtlich; gleichfalls wurde er im Lehnsdepartement Burckhards Nachfolger [3].

Bei seiner Neigung zur Gelehrtenarbeit ist es nicht verwunderlich, daß sich Koch auch einer weiteren ehrenvollen Berufung im Lande Braunschweig entzog; er war am 4.1.1765 zum Kanzleidirektor bei der Justizkanzlei ernannt, lehnte aber den Antritt der Stelle ab. Herzog Karl I. ließ ihm trotzdem sehr gnädige Kabinettsorders zugehen und gab ihm eine Gehaltszulage von jährlich 500 Talern. Schon bald danach starb Koch plötzlich am 27.8.1766 in Wolfenbüttel unvermählt am Schlagflusse [4].

Nachdem durch Kochs unerwarteten Heimgang seine Doppelstellung wiederum verwaist war, mußte v. Praun ernstlich daran denken, einen geeigneten Nachfolger zu finden, zumal nach seinem eigenen Eingeständnis außer ihm damals niemand die innere Einrichtung des Archivs kannte. Denn die Registratoren hatten keinen Zutritt dazu; wie schon 1742 bearbeiteten sie in einem Nebenraume die ihnen herausgegebenen Archivalien [5]. So wurde auf v. Prauns Vorschlag am 12.2.1767 der seit 1750 an der Kanzlei tätige, bisherige Sekretär Siegmund Ludwig Woltereck [6] — zunächst ohne Rangänderung mit 100 Tlr. Gehaltszulage — mit der Leitung des Archivs und dem Lehnsdepartement betraut. Am 5.9.1768 wurde er zum Lehnsrate befördert und das Gehalt auf 600 Taler erhöht.

---

[1] Vgl. v. Praun, Verz. d. fürstl. Räte usw. der Ratstube, Landsch. Bibl. 3067, Ziff. 83.

[2] L Alt Abt. 36 III, 18. — Eingehende Nachrichten über seinen Nachlaß, dessen Verwaltung durch Archivsekretär Meyne und die Verteilung unter Kochs Erben in L Alt Abt. 36 III, 17.

[3] Ber. v. Prauns v. 5. 9. 1766. L Alt Abt. 36 V, 4.

[4] In dem unter den Augen des Konsistoriums sonst meist dürftig geführten Kirchenbuche BMV heißt es in diesem Falle: ... *ein Mann, dem man noch viele Jare zu leben gewünschet, indem er Serenissimo und dem Publico treu gedienet.*

[5] L Alt Abt. 36 V, 4 a.a.O.

[6] * Wolfenbüttel 1. 7. 1725, Eltern: Sekretär, später Oberamtmann Christoph W. in Wolfenbüttel u. Franz. Elisabeth de Forestier aus Magdeburg. 25. 10. 1741 immatrikuliert in Helmstedt, 12. 6. 1750 als cand. jur. zum Kanzleiregistrator für Dienste bei der Justizkanzlei und dem Archiv beeidigt mit 150 Tlr. jhl. Gehalt. 6. 5. 1751 Titel als (außerordentl.) Sekretär für Kriminalsachen ohne Gehalts-

Neben den Archivar und die Sekretäre trat gleich nach Beginn der amtlichen Tätigkeit v. Prauns ein Registrator. Die Reihe dieser Beamtenstufe, die in Zukunft am Archiv beibehalten wurde, eröffnete Rudolf August Nolte[1], der sich am 24.11.1747 um Anstellung bewarb und auf v. Prauns Empfehlung zur Ordnung von über 20000 alten Prozeßakten der Justizkanzlei am 1.12.1747 zum Registrator beim Archiv mit 250 Tlr. Gehalt bestellt wurde[2]. N. konnte die ihm gestellte Aufgabe nur etwa zur Hälfte erfüllen; man fand ihn am 14.9.1752 in seiner Wohnung tot auf seinem Stuhle sitzend[3].

Für das Archiv war 1747 die Stelle eines Kopiisten genehmigt worden; dazu meldete sich Jakob Paul Wöhner[4]. Durch v. Praun gut empfohlen, wurde er ab Ostern 1748 als Kanzlist mit 150 Tlr. Gehalt angenommen und am 30.4.1748 auf dem Archiv beeidigt. Am 6.5.1751 rückte W. mit Zulage von 50 Tlr. zum Registrator auf und versah seit Noltes Tode z.T. dessen Arbeit mit. Von 1754 ab erhielt er ein Gehalt von 300 Tlr.

Um die erheblichen Arbeiten im Archiv besser zu fördern, wurde ab Ostern 1754 neben Wöhner der cand. jur. und Notar Johann Heinrich

---

zulage, am 18.5. als solcher beeidigt. 18.11.1751 Zulage von 50 Tlr. 19.6.1755 ordentl. Kanzleisekretär-Stelle übertragen erhalten mit 400 Tlr. Gehalt. L Alt Abt. 36 V, 4. — P. Zimmermann, Allgem. Deutsche Biographie Bd. 44 (Leipzig 1898) S. 173.

[1] Oft Nolten genannt. * Schöningen 8.1.1703, Vater: Konrektor Paul Martin N. in Schöningen. Besuchte seit 1717 das dort. Anna-Sophianeum. 24.1.1722 immatrikuliert in Helmstedt, seit 1726 in Halle, 1727 in Leipzig Studium der Rechte und Geschichte. 1730 Advokat in Wolfenbüttel und Justitiar des adl. Gerichts Kirchberg-Ildehausen. Mehr Schriftstellerei als Advokatenpraxis; 1741 mit 8tägigem Arrest auf dem Rathause und Konfiskation der ohne Zensur veröffentlichten Broschüre *Summaria recensio praetensionum ... regiae maiestatis Prussicae ... quosdam Silesiae et Lusatiae tractus, filo historico deducta* bestraft. Bis 1747 beim Hofrichter v. Veltheim in Harbke, wo er besonders das nach einem Brande in Unordnung geratene Archiv ordnete. — Herm. Voges, Das Album des Anna-Sophianeums in Schöningen 1707—1808. Archiv f. Sippenforschung 12. 1935. S. 337. Vgl. auch K. Rose, Heimatbuch der Salzstadt Schöningen, Teil IV S. 19. Karl Gesenius, Das Meyerrecht, Bd. I S. 43—46. Hier auch Verzeichnis der zahlreichen Schriften Noltes. — P. Zimmermann, Allgem. Deutsche Biographie Bd. 23 (Leipzig 1886) S. 763f.

[2] L Alt Abt. 36 V, 2 Vol. II. Beeidet *auf fstl. Kanzlei in Archivo* 16.1.1748.

[3] Ebenda und Kirchenbuch Wolfenbüttel (BMV).

[4] ∾ Helmstedt 23.5.1715. Eltern: Bürger u. Schneidermeister Jakob Wöhner(t) in Helmstedt u. Katharina Emerentia Warneke, Witwe des Schulkollegen Burchard Höper in Wolfenbüttel (KB. Helmstedt, St. Stephani). — Immatr. Helmstedt 19.10.1737. Einige Jahre Hauslehrer in Helmstedt, vom Quästor Frankenfeldt beim Abschreiben der an die Universität gekommenen Klosterurkunden verwandt (L Alt Abt. 36 V, 2 Vol. II).

Meyne als 2. Registrator beim Archiv und bei der Bibliothek mit 200 Tlr. Besoldung angestellt[1].

Es ist wohl v. Prauns großem Einfluß und der Anteilnahme Herzog Karls zuzuschreiben, daß es gelang, noch weitere Kräfte für das Archiv heranzuziehen. 1758 wurde dem 2. Hofgerichtssekretär Anton Gottlieb Rham neben seiner Besoldung eine Nebeneinnahme von 100 Tlr. unter der Voraussetzung belassen, daß er — wie schon sein Vorgänger Bokelmann[2] — auch im Archiv Dienst leistete. Rham wurde am 22.12.1758 auf diesen Dienst beeidet und bezeichnete sich auf Quittungen über seine Nebeneinnahme aus den Jahren 1758—1767 als Archivregistrator[3].

Schließlich erhielt der Kanzlist Wöhner 1750 einen Kollegen. Friedrich August Wäterling [I][4] wurde als Supernumerar bis zum Vakantwerden einer Kanzlistenstelle mit 100 Tlr. Vergütung an das Archiv übernommen; er wurde allerdings schon 1754 an das Hofgericht versetzt[5].

Die Beförderung Wolterecks 1767 hatte auch Veränderungen bei den übrigen Beamten zur Folge. Die Registratoren Wöhner und Meyne wurden mit einer Zulage von 100 Talern am 12.2.1767 zu Sekretären befördert[6]. Dieser starb bereits am 28.2.1771, jener am 9.2.1776 an Fleckfieber[7]. Wöhner, dessen etwas steife, kräftige Handschrift in Archivbehelfen und einer Anzahl von Bänden mit Urkundenabschriften u. dgl. unter den Handschriften des Staatsarchivs noch heute leicht erkennbar ist, wird als ein treuer, fleißiger Arbeiter bezeichnet, dem das Archiv

---

[1] ᴡᴡᴡ Blankenburg (Barthol.) 27.9.1728, Eltern: Just Anton M. und Marie Elisabeth Modeln. — Immatr. Helmstedt 31.10.1749. Hauslehrer b. Professor Haeberlin in Helmstedt. — Kirchenb. Blankenburg a.H. — L Alt Abt. 36 V, 2 Vol. II. — O. v. Heinemann, Die Hzgl. Bibliothek in Wolfenbüttel S. 294.

[2] Über ihn waren nähere Nachrichten nicht zu ermitteln. Wahrscheinlich personengleich mit einem 1750—1755 erwähnten Registrator und Hofgerichtssekretär B. (Slg Abt. 49).

[3] L Alt Abt. 36 V, 2 Vol. II. — Rham(m) wurde Oberamtmann in Wolfenbüttel und zuletzt Gerichtsschuldheiß in Helmstedt. Von ihm nachgelassene Handschriften s. Hs Abt. VI Gr. 24 Nr. 22, 23 und 45.

[4] Sohn des Andreas W., Hofsekretär b. der Herzogin Antoinette Amalie. Immatr. in Helmstedt 5.9.1735; als Kanzlist b. der Justizkanzlei ᴏᴏ Allrode 22.10.1754 Sophia Luise Wilhelmine Stukenbrok, nachgel. Tochter des † Pastors in Kattenstedt Joh. Günther St. (Kirchenb.). — 1775 Kanzleiverwalter (Br. Anzeigen St. 55 S. 711). † Wolfenbüttel (BMV) 10.9.1778 (Kirchenbuch).

[5] Reskript vom 30.6.1750. Beeidet am 13.7.1750. — L Alt Abt. 36 V, 2 Vol. II u. Braunschw. Anzeigen 1754 St. 47 S. 933.

[6] L Alt Abt. 36 V, 4. — Meyne blieb noch bis 3.11.1768 zugleich 2. Sekretär an der Bibliothek (O. v. Heinemann a.a.O. S. 293). — Anweisung des Gnadenquartals an seine Witwe Wilhelmine Henriette geb. Schilling s. L Alt Abt. 36 V, 2.

[7] Kirchenb. BMV. in Wolfenbüttel. — L Alt Abt. 36 V, 4.

viel zu verdanken hatte[1]. Aber auch Meynes zierliche, saubere Hand findet sich vielfach in Verzeichnissen.

So lange Jahre hatte v. Praun die Geschicke des Archivs unmittelbar beeinflussen und nicht allein den Arbeiten darin eine feste Grundlage und Richtung geben, sondern auch für die nötigen Arbeitskräfte sorgen können. Seine Arbeit im Archiv selbst endete freilich 1773, als er nach seiner Ernennung zum Minister an Stelle des verstorbenen Schrader v. Schliestedt und zum Präsidenten des Kriegskollegiums seinen Wohnsitz nach Braunschweig verlegen mußte[2]. Um 1750—1775 hatte das Archiv einen Bestand an Beamten, der seitdem nie wieder erreicht wurde. Neue Männer traten nach jener Zeit an die Stelle der alten Mitarbeiter v. Prauns.

V.

Vom Hauptarchiv zum Landeshauptarchiv
(etwa 1775—1933)

1. *Name, Unterstellung und Geschäftsführung*

Die Bezeichnung des Archivs als Hauptarchiv[3] kommt noch bis zur Mitte des 19. Jhdts. vor[4]. Aber schon 1808 verwendete Archivsekretär Wäterling die Bezeichnung ,,Haupt- und Landesarchiv[5]‘‘. Verschiedentlich findet sich auch der Name ,,Haupt-Landesarchiv[6]‘‘. Im Behördenteile des Adreßbuches der Stadt Braunschweig, dem Vorläufer des Hof- und Staatshandbuches, ist das Archiv zuerst 1833 als ,,Haupt- und Landesarchiv‘‘, seit 1834 ständig als ,,Landeshauptarchiv‘‘ aufgeführt[7]. Diese Bezeichnung wurde 1938 in ,,Braunschweigisches Staatsarchiv‘‘ abgeändert[8].

---

[1] Ber. v. Prauns vom 29. 2. 1776 L Alt Abt. 36 V, 4.

[2] P. Zimmermann, Allgem. Deutsche Biographie Bd. 26 (Leipzig 1888) S. 538.

[3] Z. B. um 1790, Niederschr. Wolterecks über die Verfassung des fstl. HA. und Lehnsdepartements. L Alt Abt 36 V, 4.

[4] Grundriß in L Alt Abt. 36 IV, 6b.

[5] L Alt Abt. 36 V, 4.

[6] Z. B. 6. 10. 1818 und 30. 9./18. 10. 1827. L Alt Abt. 36 V, 5. — 1845 s. L Alt Abt. 36 IV, 1.

[7] 1834 bezeichnete der *Landeshauptarchiv-Secretair* Dr. Schmidt das Archiv noch als Hzgl. Landes-Archiv. L Neu Abt. 12A Fb. 5 Nr. 3645. — In Schmidts Anstellungsurkunde vom 31. 7. 1833 und dem Archivar-Patent für Hettling vom 6. 10. 1834 (L Alt Abt. 36 V, 6) ist die neue Bezeichnung verwendet.

[8] Erl. d. Min.-Präs. vom 16. 10. 1938. Amtsbl. d. brschw. Staatsverwaltung 1938 Nr. 127.

Nach dem Fortzuge v. Prauns nach Braunschweig 1773 gingen die Erlasse des Herzogs, Verfügungen des Geh. Rates und die Einlieferungen von Archivalien zunächst an die Justizkanzlei zur weiteren Erledigung durch den Archivar Woltereck, seit 1778 an diesen persönlich, seit 1780 z. T. auch mit dem Auftrage, den (2.) Archivar v. Schmidt-Phiseldeck und den Sekretär Wäterling zur Erledigung der Anfragen usw. hinzuzuziehen[1]. In der Person des das Lehnsdepartement verwaltenden Woltereck mit Sitz in der Justizkanzlei bei Lehnssachen blieb die Verbindung zwischen dieser und dem Archiv bestehen[2]. Nach v. Prauns Tode wurde die Stellung des Archivars wieder unselbständiger[3]. Die seit 1786 die Oberaufsicht über das Archiv führenden Chefs der Justizkanzlei[4] griffen in die Archivgeschäfte ein. Ein beträchtlicher Teil der für das Archiv bestimmten Erlasse war an sie gerichtet, und nicht selten erstatteten sie selbst die geforderten Berichte und Gutachten[5].

Das kurze Zwischenspiel des Königreichs Westfalen war für das Archiv recht traurig. Es bedeutete für einige Zeit das Aufhören seines behördlichen Daseins. Denn der Justizminister Siméon wollte keine Archive anerkennen, lehnte 1809 Besoldungszahlungen an die Sekretäre Wäterling und Leiste für die Zeit nach dem 1. 4. 1808 ausdrücklich ab und erklärte beide für ihres Amtes enthoben. Die Archive wurden dann dem Minister des Innern unterstellt, der dem Archivsekretär Wäterling die seit 1¾ Jahren rückständige Besoldung nachzahlen ließ[6].

Seit der Neuordnung des braunschweigischen Behördenwesens von 1814 sind alle Erlasse an Wäterling gerichtet und auch von ihm allein bearbeitet[7]. Die Stellung des Archivs zur Justizverwaltung mußte infolge des Fehlens der Verbindung lockerer werden, die durch die seit Jahrhunderten bestehende Personalunion seines Vorstandes mit einem beim obersten Gerichthofe tätigen Beamten bestand. Dazu kam, daß die Dienstanweisung und Beeidigung des 1826 wieder ausgeschiedenen „Mitarbeiters" Hettling 1818 im Geh. Rate erfolgte. Aber 1827 wurde

---

[1] L Alt Abt. 36 VI, C 3 und 4.

[2] *So wie sie nicht wol zu trennen sind.* Niederschr. Woltereck, oben S. 76 Anm. 3.

[3] Obwohl Woltereck in seiner Niederschrift hervorhebt, daß im Eide des 2. Archivars v. Schmidt-Phiseldeck 1779 gesagt sei, dieser unterstehe nur dem Geh. Ministerio und den Anweisungen des Lehnsrates u. Archivars, nicht der Justizkanzlei oder dem Kanzleidirektor.

[4] Seit 1786 Vizekanzler v. Hoym, seit 1802 bis zum Ende der altbraunschweigischen Zeit 1807 Kanzleipräsident v. Wolfradt. — L Alt Abt. 36 V, 4.

[5] L Alt Abt. 36 VI, C 4 und 6.

[6] Erl. des Justizministeriums in Pers.-Akten Wäterling L Alt Abt. 36 V, 4. — Notiz Wäterlings vom 27. 2. 1809 ebenda am Ende.

[7] L Alt Abt. 36 VI, C 6.

das Landesgericht, die Nachfolgebehörde der Justizkanzlei, doch wieder mit der Verpflichtung und Anweisung des Hilfsarbeiters am Archiv Oesterreich betraut; vom Präsidenten des Gerichtes ging auch die Anzeige vom Tode Wäterlings an das Staatsministerium aus[1]. Die eigentliche Ursache für diese provisorischen Maßnahmen dürfte in der Person des alten Wäterling zu suchen sein, den man einerseits wegen seiner jahrzehntelangen gewissenhaften Arbeit nicht zurücksetzen, andererseits als charakterisierten Subalternbeamten aber nicht einem rechtskundigen Beamten mit der Oberaufsicht über das Archiv vorsetzen konnte. Die am 6.10.1834 erlassene Dienstanweisung verfügte Hettlings Tätigkeit als Archivvorstand zwar nur im Nebenamte, übertrug ihm aber ausdrücklich die Oberaufsicht über das Archiv. Das Staatsministerium als alleinige vorgesetzte Behörde richtete seine Anordnungen unmittelbar an Hettling oder das Landeshauptarchiv. So wurde dieses seitdem auch mit Recht als besondere Behörde in den Übersichten des Braunschweiger Adreßbuches im Bereiche der Justizverwaltung aufgeführt. Hettlings Ernennung zum Obergerichtspräsidenten stellte vollends das Verhältnis des 18. Jhdts. wieder her. Aber seit 1855 erscheint das Archiv in den Behördenübersichten in unmittelbarer Unterstellung unter dem Staatsministerium[2], in der es sich bis 1946 befunden hat.

Daß dem ersten hauptamtlichen Archivar (s. unten S. 95) 1879 noch einmal ein zugleich bei einer anderen Behörde tätiger Beamter folgte, dürfte von nicht geringer Bedeutung für das Archiv gewesen sein. Wie dessen Schicksal bei der Verlegung der Residenz nach Braunschweig 1752—1754 mit dem der in Wolfenbüttel zurückbleibenden Justizkanzlei verbunden war, so ließ der Zufall einer Personalunion zwischen Archivar und Konsistorialbeamtem sicher den Gedanken einer Verlegung des Archivs an den Sitz der Zentralbehörden (wie es der Übung in den anderen deutschen Ländern entsprochen hätte) zusammen mit der des obersten Gerichts nicht aufkommen. Erst seit Mai 1890 stand mit Paul Zimmermann ein hauptamtlich angestellter Historiker als Vorstand an der Spitze des Archivs.

2. *Die Bestände*

Zugänge

Das Hauptarchiv verdankte seine noch Ende des 18./Anfang des 19. Jhdts. bestehende Anordnung und Einrichtung lediglich den unermüdlichen Bemühungen v. Prauns, die den älteren Zustand von Grund auf geändert hatten.

---

[1] L Alt Abt. 36 V, 4 und 5.   [2] Zuerst Braunschw. Adreßbuch f. 1855 S. 20.

Der Umfang des Archivs hatte sich um 1808 gegenüber dem von 1748 freilich kaum geändert[1]. Die wie in Hannover 1795 getroffenen Flüchtungsmaßnahmen (die Vorbereitung der Auslagerung von 4 Kisten mit Archivalien)[2] kamen nicht zur Ausführung. Auch die napoleonische und westfälische Zeit änderte nichts an den Archivbeständen.

Aus der geringen Tätigkeit des Archivs in der westfälischen Zeit verdient sein einziger Zuwachs erwähnt zu werden. Das im alten Kanzleigebäude untergebrachte Tribunal 1. Instanz hatte wenig Raum und gab daher die von den Communen — also den politischen Gemeinden — geführten, jährlich bei ihm abzuliefernden Zweitschriften der Zivilstandsregister mit den dazu gehörenden Dokumenten laufend dem Archiv zur besonders sicheren Aufbewahrung ab[3]. Wesentliche Zugänge erfuhr sonst das Archiv bis etwa 1830 nicht[4]. Es enthielt vielmehr um diese Zeit nur die Urkunden und Akten des herzogl. Hauses und der Landesregierung aus der Zeit vor 1750, einiger Klöster aus derselben Zeit und die Akten der Kanzlei und des Hofgerichtes bis zum Anfange des 19. Jhdts. in den schon zur Zeit v. Prauns vorhandenen Räumen[5].

Erst die Zeit ab etwa 1835 brachte dem Landeshauptarchiv größere Zugänge. Bis etwa 1850 nahm das Archiv auf: die Reste des fürstl. Gesamtarchivs, Akten des ehem. Reichskammergerichtes und Reichshofrates betr. braunschweigische Angelegenheiten, ältere Urkunden und Akten der Kammer, Archivalien der Reichsstifte Gandersheim und St. Ludgeri in Helmstedt, der Stifte St. Blasius und St. Cyriaci in Braunschweig sowie das Archiv der aufgehobenen Universität Helmstedt.

---

[1] Ber. Wolterecks über Verfass. des Hauptarchivs und Lehnsdepartements von 1790 und Wäterlings Generalbeschrbg. des Haupt- und Landesarchivs vom 31. 10. 1808. — L Alt Abt. 36 V, 4.

[2] Vgl. M. Bär a. a. O. S. 30. — L Alt Abt. 36 V, 4.

[3] Schreiben des Tribunalpräsidenten Weitenkampf v. 21. 11. 1810. L Alt Abt 36 VI, C 6. — Daraus geht klar hervor, daß der heute bisweilen vertretene Standpunkt, die Kirchengemeinden hätten ein Anrecht oder gar Eigentum an den Zivilstandsregistern, auf einem Irrtum beruht. Es handelt sich bei den Zivilstandsreg. um im Bereiche der westfäl. staatlichen Gemeindeverwaltung erwachsene Akten, deren Prüfung den Tribunalen oblag. Im übrigen sollten die beim Tribunal verwahrten Stücke als Originale angesehen werden. Die Register-Zweitschriften kamen aus dem Gewahrsam des Archivs später über die Kreisgerichte an die Amtsgerichte und von da — leider unvollständig — allmählich an das Archiv zurück. Die Einforderung der Urschriften von den als Zivilstandsbeamten eingesetzten Pastoren ist nach 1814 meist unterblieben, wodurch diese Archivalien z. T. bis jetzt in Pfarregistraturen liegen.

[4] 1776/77 einige Urkunden, 1780 zwei Koffer mit fürstl. Briefen, 1800 einzelne Akten der Kammer. L Alt Abt. 36 VI, C 3; V, 4 (Generalbeschrg. von 1808); VI, C 5.

[5] Vgl. Deduktion v. Schmidt-Phiseldecks vom Febr. 1888.

Diese Archivalien hatten in der Hauptsache noch Platz in den ältesten 4 Gewölben des Archivgebäudes, obwohl die Menge der Archivalien dadurch fast auf das Doppelte gestiegen war. Die beim Umbau 1850 ff. und dem Ausbau 1879 ff. dem Archiv zugewachsenen Räume (4 neue Gewölbe; der Rest des Erdgeschosses und 3 Säle im Obergeschosse) füllten sich bis 1888 schnell mit weiteren bedeutenden Zugängen, so daß die Belegung der an sich unbrauchbaren Dachkammern des Archivgebäudes in Aussicht genommen werden mußte. Die Reihe der Zugänge eröffneten die Bestände der aufgelösten Lehns- und Grenz-Commission. 13 Ablieferungen älterer Regierungsakten (aus der Zeit von etwa 1740 bis 1806) aus der Geh. Kanzlei des Staatsministeriums in den Jahren 1859—1873 sowie der Zugang des fürstl. blankenburgischen Archivs, der Akten der Regierungskommission der Stadt Braunschweig und westfälischer Akten bewirkten, daß die damaligen Archivräume völlig überfüllt waren und der Raumbedarf auf das Doppelte des Vorhandenen veranschlagt wurde[1].

Auch die Folgezeit brachte, wie wohl allen deutschen staatlichen Archiven, dem Landeshauptarchiv erhebliche — wenn auch nicht in regelmäßigen Abgaben hereinströmende — Zugänge. Der Urkundenbestand wuchs von 18 803 Stücken im September 1887 auf 23 020 im Jahre 1924 an[2] und dürfte bis 1939 die Anzahl von etwa 23 700 erreicht haben. Von 1879 bis 1902 wurden 31 Registraturen an das Landeshauptarchiv abgeliefert, darunter 1879 die geschlossenen Bestände des Obergerichtes und gemeinschaftl. Oberappellationsgerichtes, ältere Kammerakten (1880 ff.) und Akten des Kriegs- und Finanzkollegiums (1888); dazu wurden zahlreiche kleinere Erwerbungen gemacht[3]. Schon 1888 hatten sich die Bestände gegenüber 1830 vervierfacht. Bis Oktober 1908 wurden 7 weitere Ablieferungen übernommen[4], und vollends unerträglich wurde die Raumnot seit dem Archivalienzuwachs seit 1920.

Die Bestände des Landeshauptarchivs erfuhren aber auch Zugänge auf eine Weise, die außerhalb des allmählichen, natürlichen Anwachsens aus dem behördlichen Aktengute des Sprengels lag und die über den Rahmen vieler staatlicher Archive hinausgeht. In der Hauptsache ist

---

[1] Schon damals überfüllte Dachkammern! — Ber. Dr. Schmidts vom 2. 10. 1878 in L Alt Abt. 36 VI, 1a und Deduktion v. Schmidt-Phiseldecks v. Febr. 1888. — Vgl. dazu L Alt Abt. 36 III, B Nr. 19. 19a. 20. 23. 37. 38. — Hs Abt. VI Gr. 15 Nr. 52a. — L Neu Abt. 12A Fb. 5 Nr. 3645.

[2] L Alt Abt. 36 IV, 16.

[3] Ber. Zimmermanns an Staatsministerium v. 7. 5. 1902 in L Alt Abt. 36 IV, 1a.

[4] Ber. Zimmermanns vom 23. 10. 1908. Ebenda.

es der vielseitigen Sammeltätigkeit Paul Zimmermanns zu verdanken, daß die Dienstbücherei den ihm als Ziel vorschwebenden Stand der Vollständigkeit hinsichtlich des geschichtlichen Schrifttums über den Archivsprengel weitgehend erreicht hat[1]. Einen sehr beachtlichen und umfangreichen Zuwachs erhielt die Archivbücherei durch Überweisung der vor 1815 erschienenen Drucksachen und der Handschriften der Landschaftlichen Bibliothek zu Braunschweig[2].

Neben den seit 1745 erschienenen „Braunschweigischen Anzeigen", deren gewaltiger Nachrichtenschatz erst z.T. durch eine handschriftl. Kartei der Personennamen erschlossen ist, wurden auch andere Zeitungen des Landes der Bücherei einverleibt[3]. Die Zeitungsreihen werden auch heute fortgesetzt, da sie sonst nirgends im Lande umfassend gesammelt werden und die Bedeutung der Zeitungen sich gerade in den Jahren seit 1945 nach der Vernichtung der meisten Verlagsarchive herausgestellt hat. Eine zunächst durch Schenkung an das Archiv gekommene, von etwa 1919—1927 auf weitere Gebiete erstreckte große Zeitungsausschnittsammlung konnte infolge Personalmangels und geeigneter Unterbringungsmöglichkeit nicht weitergeführt werden.

Zimmermanns Bestrebungen, über die er einmal selbst auf dem Archivtage in Graz 1911 ausführlich gesprochen hat[4], führten dem Archive weitere, nicht seinem ursprünglichen Aufgabenbereiche angehörende Schätze zu: eine umfangreiche Hauptabteilung Handschriften, unter denen eine Stammbuchsammlung ein besonders gepflegtes Gebiet darstellte[5], sowie verschiedenartige Sammlungen wie Siegelabgüsse[6], Siegelstempel[7], Autogramme und „alle Schriften und Blätter, die Zeit- und Streitfragen der verschiedensten Art behandeln, Erlasse, Aufrufe, Bekanntmachungen, Gelegenheitsgedichte, Programme von Festlichkeiten

---

[1] Über ihre Anfänge: P. Zimmermann, Korrespondenzbl. d. Ges.-Vereins d. Dtsch. Gesch.- u. Altertumsvereine 59. Jg. (1911) Sp. 473.— Über ihr Anwachsen s. L Alt Abt. 36 II, 18 und III, 30. — In Deutsche Geschichtsbl. Bd. II (1901) S. 138 ist ihr Bestand mit über 10000 Bänden angegeben, bis 1939 dürfte sie auf etwa 45000 angewachsen sein.

[2] Erschlossen durch gedrucktes *Verzeichnis* . . . . . . Braunschw. 1907.

[3] Vgl. P. Zimmermann, KorrBl. a.a.O. Sp. 474f.

[4] *Was sollen Archive sammeln?* KorrBl. 59 Jg. (1911) Sp. 465—477. — Vgl. aber auch schon Deutsche Geschichtsbl. Bd. II (1901) S. 138f.

[5] E. Henrici, Braunschweigs LHA als Bibliothek. Zentralbl. f. Bibl.-Wesen 26. Jg. (1909) S. 541—547. — P. Zimmermann, Braunschw. Magazin 1907 S. 1ff., 16ff. und a.a.O. Sp. 468.

[6] Die Anfänge der Slg. liegen schon in früherer Zeit. Vgl. Die Siegel des hzgl. Hauses Braunschweig-Lüneburg. Hrsgeg. von C. v. Schmidt-Phiseldeck. Wolfenbüttel 1882. — Ferner P. Zimmermann, KorrBl. a.a.O. Sp. 470f.

[7] Schon 1911 über 2000 Stück. P. Zimmermann a.a.O. Sp. 470.

usw. [1]". Zwei Reihen sog. Sammelkästen bieten eine Fülle derartigen Stoffes, der häufig benutzt wird und schon mancherlei Fingerzeige gegeben hat.

Einen Zuwachs ganz besonderer Art brachten dem Landeshauptarchiv die nach Anregung kirchlicher Kreise auf Anordnungen des Konsistoriums von 1912 und 1921 an das Archiv abgelieferten älteren Kirchenbücher (vor 1814) sowie die Doppelstücke aus der Zeit von 1814—1875 [2]. Niemand hatte bei der Anregung und Durchführung der Vereinigung dieser zur Ergänzung der Akten wertvollen Quellengruppe ahnen können, welche Folgen daraus entstehen würden. Es bedarf keiner Frage, daß die Forschung mannigfachen Nutzen aus der leichten Übersehbarkeit und Benutzbarkeit der Bücher an einem Orte zieht. Ohne eine derartige Erleichterung wären viele Arbeiten, z. B. die an einem Werk über die Pastoren der braunschw. Landeskirche oder an der Helmstedter Universitätsmatrikel, soziologische Arbeiten (H. Mitgau), Dorfgeschichten, Stamm- und Ahnentafeln und Familiengeschichten gar nicht oder nur unter größten Schwierigkeiten möglich gewesen. Das zu leugnen, hieße der Wahrheit nicht die Ehre geben. Es ist daher sehr zu begrüßen, daß mit der 1938 begonnenen Fotokopierung der älteren Kirchenbücher die Gewähr für Schonung der Urschriften und die dauernde Arbeitsmöglichkeit am gesamten Bestande im Archiv gegeben ist. Die für jene Aufgabe eingerichtete Bildstelle des Archivs wird nach Beendigung ihrer ersten Aufgabe hoffentlich laufend die wertvollsten und besonders gefährdeten Archivalien aufnehmen und, wie bei den Kirchenbüchern, durch Übergang der Benutzung auf die Fotokopien zur Erhaltung wertvoller Schriftdenkmäler beitragen können.

Für das Landeshauptarchiv hatten allerdings die von 1933 bis in den Krieg hinein vom Staate geforderten sog. Abstammungsnachweise eine außerordentliche Belastung bedeutet. Die Arbeit an den Kirchenbüchern bestimmte in jenen Jahren das Wesen des Landeshauptarchivs. Die Kirchenbücher bildeten den ganz im Vordergrunde stehenden Teil seiner Bestände.

Ordnung

Während die Ordnungsarbeiten v. Prauns und seiner Mitarbeiter weitgehend den Urkunden [3] gegolten hatten, wandte man sich in der

---

[1] P. Zimmermann a.a.O. Sp. 474.

[2] Darüber ausführlich H. Voges, Die Kirchenbücher des Landes Braunschweig im Landeshauptarchiv. Braunschw. Magazin 1924, Sonder-Nr. Sp. 25—32 und K. Meyer, Die Kirchenbücher im Besitz des Brschw. Staatsarchivs zu Wolfenbüttel und des Stadtarchivs zu Braunschweig. Braunschweig 1939. S. 9—11.

[3] Es waren 1748 nach v. Praun 6389 Stück, nach Wäterling am 28. 2. 1809 nur 6593, nach seiner Archivbeschreibung *gegen 7000*. L Alt Abt. 36 V, 4 (am Ende).

Folgezeit hauptsächlich den Akten zu. Es lagen ungeordnete Bestände z. T. an verschiedenen Stellen der Archivräume und in Koffern, Fässern und sonstigen Behältnissen, in denen man sie in das Archiv geschafft hatte, umher. Allmählich wurden sie durch eine größere Anzahl von Einzelverzeichnissen der Benutzung erschlossen. Wenn die Ordnungsarbeiten auch, jedenfalls die vom Archivsekretär Wäterling vorgenommenen, in mäßigem Arbeitstempo betrieben wurden, so war der Ordnungszustand des Archivs um 1790 immerhin befriedigend und wurde nach einem festen Plane in der zeitlichen Reihenfolge der größeren Abgaben gefördert. Man war damals bestrebt, die großen Realabteilungen zu vervollständigen und „alles, was zu einem Gegenstande gehörte, auch dahin zu bringen[1]". Besondere Schwierigkeit bot die Verzeichnung der alten Kanzleiregistratur[2], zu deren Durchführung eine Arbeitskraft auf etliche Jahre gefordert wurde.

Die Kräfte des immer mehr alternden Wäterling reichten seit etwa 1810 nicht mehr für umfassende, planvolle Ordnungsarbeiten aus. Die Tätigkeit seines Mitarbeiters Hettling erstreckte sich schon in ihrem ersten Abschnitte (1818—1827) auf die Abfassung von Gutachten; in der Dienstanweisung von 1834 wurde Hettling ausdrücklich auf dieses Arbeitsgebiet beschränkt. So bedeutete die Zeit bis 1834 für die Ordnung des Archivs ebenso wie für die Zugänge einen Stillstand[3].

In den Jahren 1835 bis etwa 1875 entstanden besonders durch den Fleiß des Dr. Schmidt und des Archivsekretärs Ehlers eine ganze Anzahl neuer Findbücher. Aber wenn sich die Zugänge in der Hauptsache auch auf Akten der Zentralbehörden und auf Urkunden beschränkten, war es mit den geringen Arbeitskräften doch nicht möglich, mit den Ordnungsarbeiten auf dem Laufenden zu bleiben, die außerdem durch die mit den Bauten von 1850 und 1879 verbundenen Neuaufstellungsarbeiten für längere Zeit Unterbrechungen erfuhren. So mußte der Archivvorstand noch 1884 die Einrichtungen des Archivs als *in gewisser Beziehung äußerst mangelhaft* bezeichnen, indem er auf das Fehlen von Namen- und Sachweisern, insbesondere eines Index zu den Urkundenfonds hinwies. Da in den letzten 50 Jahren die Urkunden fast verdoppelt, der Aktenbestand mehr als verdreifacht sei, könnten die Archivbeamten eine genaue Kennt-

---

[1] L Alt Abt. 36 V, 4. Vgl. hierin Arbeitsberichte Wäterlings von 1779—1781 und Übersicht über die Archivarbeiten vom 13. 11. 1790 (Woltereck).

[2] Von Wäterling 1808 auf 15 286 alte Prozeßakten ohne die vielen ungeordneten beziffert.

[3] Über die damals noch zu leistenden Ordnungsarbeiten vgl. Bericht Dr. Schmidts vom 6. 9. 1833 in L Alt Abt. 36 V, 6.

nis aller Abteilungen nicht mehr gewinnen und empfänden den erwähnten Rückstand sehr[1].

Bei stärkerer Zunahme der Neueingänge[2] konnte mit deren Erschließung immer weniger Schritt gehalten werden. Man beschränkte sich weitgehend auf die Beibehaltung von Registraturbehelfen der Behörden und z.T. oberflächlichen Abgabeverzeichnissen, zumal dem Archiv fachlich geschulte Arbeitskräfte fehlten.

Bis 1914 und nach 1919 wurde die Ordnung von neu eingegangenen Aktenbeständen zwar wieder lebhafter betrieben. Auch wurden allmählich die Archivalien bestimmter Behördengruppen, z.B. der Amtsgerichte, Oberforsten, Hauptzollämter, weitgehend verzeichnet. Aber es bestand kein fester Plan für einen Archivaufbau nach dem Herkunftsgrundsatz. Bei den meisten Beständen wurde jede Ablieferung in einem gesonderten dünnen Hefte ohne Weiser verzeichnet; die Zugänge fanden bei der immer engeren Belegung der Archivräume auch keinen örtlichen Anschluß an vorhandene Bestände mehr. Vor allem unterblieb schon seit etwa 1890 bei der Mehrzahl der Ablieferungen von Mittel- und Unterbehörden die Scheidung des Archivgutes nach seiner Herkunft[3].

In den einzelnen Magazinräumen hingen Papptafeln mit den Namen und Lagerungsorten der Bestände; eine Gesamtübersicht von diesen war nicht vorhanden. Die verschiedenen Archivaliengruppen hatten keine leicht zu merkenden, eindeutigen Archivbezeichnungen, sondern die Findbücher trugen wie im 18. Jhdt. eine Gewölbe- oder Zimmernummer und wurden innerhalb der einzelnen Räune fortlaufend gezählt. Die Findbücher der Urkunden trugen neben der Bezeichnung des Fonds die Nummern der sog. Stände und der Schiebladen, in denen sie verwahrt wurden. Besonders schwierig und umständlich war die Verteilung der Findbücher auf die Magazinräume, die zuletzt so war, daß sich die Bücher nicht einmal sämtlich am Lagerplatze der darin verzeichneten Archivalien befanden.

Auf solche Weise mußte die Übersicht über den Inhalt und Ordnungszustand des Archivs natürlich immer mehr verlorengehen, zumal die räumlichen Schwierigkeiten ständig wuchsen. Besonders bedrückend wurden die Verhältnisse seit 1933, wo die Bearbeitung der Kirchenbuch-

---

[1] Ber. v. Schmidt-Phiseldecks vom 6./7. Mai 1884. — L Alt Abt. 36 V, 11.

[2] Vorschriften über die Aktenabgaben bestanden nicht. — Vgl. Deutsche Geschichtsblätter Bd. II (1901) S. 138.

[3] So enthielt z.B. eine als *Amtsgericht Seesen* bezeichnete und vorläufig verzeichnete Abgabe dieses Gerichtes von 1928 Archivgut von etwa 12 verschiedenen Behörden.

anfragen und das Fehlen von Fachkräften sachgemäße Ordnungsarbeiten unmöglich machten. So blieben viele Bestände ohne irgendeine Verzeichnung.

Benutzung

Die Benutzung des Archivs im letzten Viertel des 18. Jhdts. war nicht nennenswert. Immerhin erhielt z. B. der Kammerrat Ribbentrop 1792/93 Auskünfte und Abschriften für wissenschaftliche Arbeiten[1]. Gelegentlich kamen Anfragen von Privatpersonen nach Wappen, Familienpapieren und -nachrichten[2]. Durch Reskript vom 26. 6. 1820 wurde den Archivbeamten eingeschärft, daß die direkte Mitteilung von Archivalien ohne vorherige ministerielle Genehmigung nicht erfolgen dürfe[3]. Die 1824 beginnende Benutzung der Monumenta Germaniae[4] und die des Regierungsrates und Archivars Delius aus Wernigerode für seine Arbeiten über Harzburg[5] blieben noch vereinzelt. Erst das Landeshauptarchiv hatte seit 1834 eine zunehmende Benutzung zu verzeichnen, die sich auf wissenschaftliche Themen, Rechtsfragen und familien- und wappenkundliche Arbeiten erstreckte[6]. Nach dem 1861 beginnenden Benutzerbuche[7] betrug die Zahl der Benutzer in jenem Jahre 4; 1890 waren es 27. Die außerordentlich gesteigerte Benutzung der Kirchenbücher seit 1933 ließ die Benutzerzahl sprunghaft emporschnellen. 30 Benutzer und mehr sowie 40—50 schriftliche Anfragen an einem Tage waren keine Seltenheit. Neben der Beratung der persönlichen Benutzer hatte das Archiv, besonders während der Amtszeit des Archivars Hettling, die Aufgabe, zahlreiche umfassende Gutachten für die Regierung in solchen Rechtsfragen zu erstatten, zu deren Beurteilung geschichtliche Grundlagen aus den Archivbeständen zu gewinnen waren, sowie in einer Kommission zur Sammlung und Herausgabe der älteren Landesverordnungen mitzuwirken[8].

Die Zahl der schriftlichen Auskünfte nahm seit etwa 1840 ständig zu. Sie waren, wie die persönlichen Benutzungen, zunächst eingeschränkt durch die Vorschrift der ministeriellen Genehmigung[9]. Allein seit etwa

---

[1] L Alt Abt. 36 VI, C 5.   [2] L Alt Abt. 36 VI, C 6.

[3] Ebenda (72).   [4] L Alt Abt. 36 VI, B 1.

[5] L Alt Abt. 36 VI, C 7.   [6] L Alt Abt. 36 VI, C 9.

[7] Die ersten ausführlichen Vermerke darin betreffen den späteren Braunschweiger Stadtarchivar cand. phil. L. Hänselmann. — L Alt Abt. 36 VI, E 2.

[8] L Alt Abt. 36 VI, B 1a bis 2b. 3. 5. bis 5b. 14. 17. 25 usw.

[9] So heißt es in einem Schreiben des Archivars Hettling an Lappenberg vom 21. 1. 1837 mit dem Hinweise, sich an das Staatsministerium zu wenden, jede Art archivalischer Mitteilung ohne Autorisation des Staatsministeriums sei untersagt. L Alt Abt. 36 VI, C 10.

1880 hat sich die Anwendung dieser Vorschrift offenbar stillschweigend gelockert. Denn sowohl bei schriftlichen Auskünften als auch bei persönlichen Benutzungen ist in der Regel nicht mehr von ministerieller Genehmigung die Rede. Eine ausdrückliche Verfügung darüber hat nicht bestanden[1]. Eine genaue Regelung der Archivbenutzung erfolgte erst im Jahre 1925, die der Gebührenpflicht 1926 und endgültig durch die Gebührenordnung vom 16.12.1932[2].

Auch durch Ausstellung seiner wertvollsten Schätze trug das Archiv schon früh zu deren Bekanntwerden und sicher auch zur Förderung ihrer Benutzung bei. Von Ausstellungen bei folgenden Anlässen liegen gedruckte Verzeichnisse der durch das Landeshauptarchiv gezeigten Urkunden, Kopialbücher, Autographen usw. vor[3]:

1. 4. Säkularfeier der Erfindung der Buchdruckerkunst am 25./26. Juni 1840. Ägidienkirche in Braunschweig.

2. 19. Versammlung der Philologen, Schulmänner- und Orientalisten am 26.9.1860. —

3. Generalversammlung des Gesamtvereines Deutscher Geschichts- und Altertumsvereine in Braunschweig am 22.9.1863.

4. 5. Juristentag in Braunschweig am 27.8.1864.

4. Heraldisch-sphragistisch-genealogische Ausstellung des Vereins „Herold“ in Berlin April-Mai 1882[4].

6. Hauptversammlung des Harzvereins f. Geschichts- und Altertumskunde in Wolfenbüttel am 23.—25.7.1883.

Seitdem fanden im Archive selbst wiederholt Ausstellungen statt, und die sehenswertesten Schätze blieben in einer Dauerausstellung vereinigt. Auch an auswärtigen Ausstellungen hat sich das Archiv noch mehrfach beteiligt[5].

---

[1] Vgl. Deutsche Geschichtsblätter Bd. I (1900) S. 167. — Nach der vom Landeshauptarchiv herrührenden Angabe im Niedersächs. Jahrb. Bd. 1. 1924. S. 269 war damals für umfassendere Forschungen sowie für Versendung von Akten noch die Genehmigung des Staatsministeriums erforderlich.

[2] L Alt Abt. 36 IV, 6a Bd. 14.

[3] L Alt Abt. 36 VI, D1. — Ausstellungsort, soweit nicht oben angegeben, war Wolfenbüttel.

[4] L Alt Abt. 36 VI, D2. — Zu der auf der Ausstellung gezeigten Siegelsammlung ist das v. C. v. Schmidt-Phiseldeck bearbeitete Verzeichnis *Die Siegel des herzogl. Hauses Braunschweig und Lüneburg, Wolfenbüttel 1882*, im Druck erschienen.

[5] Z.B. in Breslau (1913), Magdeburg (1926) und Leipzig (1930). — L Alt Abt. 36 VI, D4—8. 10—12.

3. Die Archivbeamten vor 1834

Während bis zum Tode des Sekretärs Wöhner im Jahre 1776 das Archiv noch ausreichend mit Beamten besetzt war, machte sich v. Praun als Minister in der Folgezeit mit Recht ernste Sorgen um die Schätze, denen ein Menschenalter hindurch seine ganz besondere Neigung und Fürsorge gegolten hatte[1]. Der 1773 auch zum Konsistorialrat ernannte Lehnsrat Woltereck[2] allein betreute das Archiv, nachdem die Stellen der verstorbenen Sekretäre wieder eingezogen waren, und erhielt im gleichen Jahre nach v. Prauns Versetzung die Archivschlüssel an dessen Stelle.

Es gelang schließlich v. Prauns Einflusse 1779, zunächst die Besetzung der Stelle eines Registrators mit dem von ihm empfohlenen 2. Sohn des † Kanzleifiskals Wäterling, cand. theol. Friedrich Christoph Wäterling [II][3], zu erreichen, der die Archivräume kannte und zum Aufsuchen von Akten durch die Beamten gelegentlich mit herangezogen war.

Im gleichen Jahre erhielt das Archiv auch wieder einen zweiten Archivar (Sekretär), wozu am 2.8.1779 der Professor des öffentl. Rechts und der Geschichte am Collegium Carolinum in Braunschweig Dr. jur. Christoph Schmidt gen. Phiseldeck ernannt wurde. Er leistete am 2.9.1779 seinen Amtseid und wurde angewiesen, nach Anordnung des Lehensrates und 1. Archivars Spezialrepertorien anzufertigen, damit daraus

---

[1] So bekannte er in einem Berichte vom 10. 7. 1779, zur Arbeit im Archiv habe er immer große Lust gehabt; sie sei, wie man zu sagen pflege, seine *Puppe und sein Steckenpferd gewesen.* — L Alt Abt. 36 V, 4.

[2] 1784 zum Geh. Justizrat ernannt, als solcher und *1. Archivar* † Wolfenbüttel 11. 6. 1796. — Als Schriftsteller ist W. nicht hervorgetreten; er gilt nur als Herausgeber eines Bändchens *Einige ernsthafte und geistliche Lieder*, Wolfenbüttel 1756. — P. Zimmermann, Allgem. Deutsche Biographie Bd. 44 (Leipzig 1898) S. 173.

[3] * Wolfenbüttel 16. 11. 1743 im Hause Kanzleistraße Nr. ass. 253 als Sohn des Kanzlisten, späteren Botenmeisters und Kanzleifiskals Ferdinand Wäterling; Neffe des Kanzleiverwalters Wäterling [I] (s. S. 75). — Über Wäterlings Lebensumstände vgl.

1. den Nachruf von Querner *Dem Andenken Christ. Friedrich Wäterlings, Ober-Archivars und Raths zu Wolfenbüttel.* Brschw. Magazin 1834. 42. Stck. S. 333f.
2. Querner, Freundliche Bitte, recht bald für die Landschullehrer ihres edlen Wohltäthers Friedr. Christoph Wäterlings Bildniß in Steindruck erscheinen zu lassen. Brschw. Magazin 1834. 48. Stck. S. 380 f. — Ob das Bild herausgebracht ist, ließ sich bisher nicht feststellen.
3. NN., Der Oberarchivar Wäterling und seine Stiftung. Eine Neujahrsgabe f. Braunschweigs Landschullehrer u. deren Witwen. Braunschw. 1834.
4. Neuer Nekrolog der Deutschen 12. Jhg. 1833. S. 385—387.
5. Pastor Wirk, Der Oberarchivar Wäterling. Brschw. Magazin 1835. 12. Stck. S. 89—93. — Daraus und aus LHA V, 4: Nach Besuch des Gymnasiums in Wolfenbüttel 4 Jahre stud. theol. in Helmstedt und Leipzig. 1767 1. theol.

ein Generalrepertorium hergestellt werden könne. Schmidt wurde am 24.5.1789 in den erblichen Adelsstand mit dem Namen v. Schmidt-Phiseldeck erhoben[1].

Im Jahre 1795 erhielt das Archiv einen (nach Wäterlings inzwischen erfolgtem Aufrücken) 3. Sekretär. Am 11.5. wurde nach dem Ableben des Grenzrates Fricke d. J. das Grenzsekretariat dem bisherigen Sekretär beim Berghauptmann v. Veltheim zu Harbke Wilhelm Justus Eberhard v. Schmidt-Phiseldeck [II] übertragen, der zugleich zur Sublevation zum Sekretär beim Lehns- und Hauptarchive ernannt wurde[2]. Es trat damit der gewiß nicht häufige Fall ein, daß Vater und Sohn gleichzeitig an derselben Behörde tätig waren. Nach Wolterecks Tode ging 1796 die Stelle des 1. Archivars auf den bisherigen 2. Archivar v. Schmidt-Phiseldeck [I] über. Dieser hatte infolge schwacher Gesundheit keine Nebenämter, war nur am Archiv und als wissenschaftlicher Schriftsteller tätig; er ist also, wenn auch zunächst ohne Nachfolge, der erste hauptamtliche Archivar in Wolfenbüttel gewesen. Nach dessen schon 1801 erfolgtem Tode hätte an sich der dienstälteste Sekretär Wäterling als Nachfolger in Frage kommen können. Allein der ja inzwischen in den Ratsrang aufgerückte v. Schmidt-Phiseldeck [II], der für seinen kränklichen Vater schon vielfach die erforderlichen Berichte entworfen hatte, bewarb sich in einem ausführlichen Gesuche um das Archivariat als dessen

---

Examen. Dann 7 Jahre lang Hauslehrer bei adl. Familien, zuletzt bei Familie v. der Wense in Duttenstedt. Nach Bewerbung i. J. 1776 schließlich am 26. 8. 1779 als Registrator mit 150 Tlr. Gehalt angestellt; 16. 2. 1784 zum Archivsekretär ernannt. Seit 1782 Gehalt von 200, 1796 von 250 Tlr., um 1804 von 300 Tlr.

6. R., Der Oberarchivar Wäterling und seine Stiftung. Braunschw. Magazin 1860. 50. Stck.

[1] Über ihn s. L Alt Abt. 36 V, 4 und P. Zimmermann, Allgem. Deutsche Biographie Bd. 32 (Leipzig 1891) S. 19f. — * Nordheim 9. 5. 1740. Hielt ab WS. 1764 Vorlesungen über Rechtswissenschaft und Statistik an der Universität Helmstedt. 15. 4. 1765 Professur am Collegium Carolinum. 29. 9. 1785 Konsens zur Verheiratung mit Christiane Auguste Elis. Meyners, Tochter des † fstl. nassauweilburgischen Kammerdirektors Heinrich Gebhard Meyners. Als Hofrat und Archivar † Wolfenbüttel 9. 9. 1801 an Entkräftung.

[2] Ausführlichere Angaben s. P. Zimmermann a.a.O. Bd. 32 S. 21—23 und dort angeg. Schrifttum. — * Braunschweig 8. 4. 1769 als Sohn des Vorigen. Seit 16. 9. 1799 Konsistorial-, daneben auch Grenz- und Lehnsrat. Nach Beamtentätigkeit in Kassel 1813 Geh. Regierungsrat und bald darauf Mitglied des Geh. Ratskollegiums in Braunschweig. 1814 Bevollmächtigter Braunschweigs auf dem Wiener Kongreß. April 1827 nach Hannover geflohen, wo er vom 22. 5. 1827—1832 Mitglied des Geh. Ratskollegiums und 1832—1840 unter Beibehaltung von Sitz und Stimme Landdrost in Hildesheim war. 1840 Abschied; seitdem in Wolfenbüttel gelebt, wo er am 23. 9. 1851 starb.

Nachfolger[1]. Für Wäterling schlug er dabei eine Gehaltsaufbesserung von 300 auf 500 Tlr. vor[2]. Er legte dar, daß die Stelle eines Archivars — was ja bei seinem Vater 1796—1801 der Fall gewesen war — von der des Lehnsrates (auch seine Vorgänger im Lehnsdepartement seien Archivare gewesen) wegen der räumlichen Verbindung von Lehns- und Hauptarchiv und der Notwendigkeit der Benutzung von Nachrichten aus diesem nicht getrennt werden könne. Für den Fall seiner Beförderung erbat v. Schmidt die Anstellung eines jungen Mannes als neuen 2. Archivsekretär, der sich durch eifriges Studium der Akten und Urkunden in seinen Beruf einarbeiten und auf späteres Nachrücken bei Abgang eines Beamten gehörig vorbereiten solle. Er erbat schließlich die ständige Anweisung für einen Archivsekretär, unter Leitung des Grenz- und Lehnsrates und Archivars in den Grenz- und Lehnsgeschäften mitzuarbeiten. Hierzu sei ein Rechtskundiger nötig, der Wäterling nicht wäre.

Am 3.2.1802 wurde v. Schmidt-Phiseldeck die Stelle des Archivars übertragen. Auf seine Empfehlung wurde am gleichen Tage für ihn — neben Wäterling — als 2. Archivsekretär, auch Lehns- und Grenzsekretär, der bisher beim Grafen v. Veltheim als Sekretär tätig gewesene Advokat Johann Christian Leiste[3] angestellt. Leistes Mitarbeit in Lehns- und Grenzsachen wurde nach dem Vorschlage v. Schmidt-Phiseldecks geregelt.

Nach dem Fortgange v. Schmidt-Phiseldecks nach Kassel und Leistes Übertritt zum Notariate blieb 1808 Wäterling als einziger Archivbeamter zurück. In diesem Zustande trat auch nach Wiedereinrichtung der braunschweigischen Verwaltung zunächst keine Änderung ein. Man

---

[1] Gesuch vom 11. 9. 1801. — L Alt Abt. 36 V, 4.

[2] In einem Begleitschreiben an den Geh. Justizrat Leisewitz zu dem Gesuche gab v. Schmidt-Phiseldeck die Anregung, Wäterling zum 2. Archivar mit Ratscharakter zu machen. Im übrigen äußerte er sich folgendermaßen über W.: Er glaube nicht, daß er sich zum Vorgesetzten eigne, ein so guter und brauchbarer Sekretär er auch sei, weil er nicht genug praktischen Blick und Gewandtheit habe. *Er ist zu sehr an das Minutiöse gewöhnt.* L Alt Abt. 36 V, 4.

[3] Nach Mitternachtzeitung f. gebildete Stände, Braunschw. u. Leipzig 1835, Nr. 6: * Wolfenbüttel 17. 7. 1775, Vater: Professor Christian Leiste, Rektor der hzgl. Großen Schule das. Studierte Rechtswissenschaft ab 1794 in Göttingen u. Helmstedt. 1798 Notar, als solcher in Wolfenbüttel tätig. 1800 Privatsekretär in Harbke. ∞ 1804 Tochter des Hof- und Abteirats Gelhud in Gandersheim. 1809 königl. westfl. Distrikts-Notar. 1814 Sekretär bei der Appellations-Commission. 1817 Sekretär am gemeins. Oberappellationsgericht in Wolfenbüttel, 1825 Rat an diesem. — Herausgeber des Repertoriums der VO. und Reskripte, welche im Hzgt. Braunschweig in den Jahren 1760—1804 erlassen sind. Braunschw.1805.— Verfasser des Aufsatzes *Über das Alter der Stadt Braunschweig.* Braunschw. Mag. 1788, Nr. 17—21. — † Wolfenbüttel 13. 8. 1860.

wird zwar dem im Laufe langer Dienstjahre vom Registrator auf-
gestiegenen Beamten Kenntnis der Archivbestände, Fleiß und Gewissen-
haftigkeit nicht absprechen können. Aber seine mit zunehmendem Alter
immer größer werdende Unbeweglichkeit und Absonderlichkeit be-
deuteten doch Stillstand in Ordnung und weiterem Aufbau des Archivs.
Es wird hohe Zeit gewesen sein, für die Rechtsgutachten und sonstigen
schwierigeren Aufgaben des Archivs nach langer Pause wieder einen
2. Beamten einzustellen. Der am 6. Oktober 1818 zum „Mitarbeiter"
am Haupt-Landesarchiv ernannte Oberappellationsgerichts-Prokurator
Johann Heinrich August Hettling dürfte sowohl die Gewandtheit im
Verkehr mit dem schwer zu nehmenden Archivsekretär Wäterling als
auch die Fähigkeit, sich in die Archivbestände und deren Auswertung
schnell hineinzufinden, mitgebracht haben[1].

Hettlings Tätigkeit fand aber schon infolge eines Ministerialreskriptes
vom 21.5.1827 ein Ende, worin ihm eröffnet wurde, daß die Mitglied-
schaft des Landesgerichts mit dem Posten eines „Gehülfs-Archivars"
für unvereinbar angesehen werde und beschlossen sei, die Ämter zu
trennen. Hettling wurde zur Erklärung aufgefordert, ob er Hofrat beim

---

[1] * Blankenburg a. Harz 12. 4. 1785. Eltern: Advokat und Stadtsyndikus
Heinrich August Hettling und s. Ehefrau Sophie Elisabeth Oppermann (Tochter
des Bürgermeisters Oppermann in Blankenburg). Gymnasium in Blankenburg,
Studium der Rechtswissenschaft in Helmstedt u. Jena. 21. 3. 1806 Prüfung vor
der Justizkanzlei in Wolfenbüttel, hier Advokat und am 10. 2. 1809 Assessor am
königl. westfäl. Kriminalgerichte des Okerdepartements. Seit 1813 wieder Advokat,
24. 2. 1814 Landes- und Appellationsgerichts-Procurator, 1816 Notar, 30. 12. 1823
bis 1826 Assessor cum voto beim Hzgl. Konsistorium, 9. 8. 1826 Hofrat beim
Landesgerichte. — Nach dem Aufs. vom Archivsekretär Ehlers, Braunschw. Anzeigen v. 17. 12. 1885 und LHA V, 5. —

Einen Einblick in den dienstlichen Verkehr der so ungleichen Beamten ge-
währen einige Zettel, die sie einander schrieben. So Wäterling an Hettling:
1. *Ziehen Sie mir doch die Schieblade 2 vom Stand fünfzig aus;*
2. *ferner . . .;*
3. *. . . . .;*
4. *Und schieben Sie mir doch in Stand L die ausgezogene Schieblade 5 unten wieder*
   ein; ich darf mich bei tiefem Bücken nicht stark anstrengen;
5. *. . . . .*
   Ich weiß nun nicht, ob ich auch auf diesem Zettel die rechten Curialien gebraucht
   habe, bitte doch aber, mir die Sache nicht zu weitläufig und beschwerlich zu machen,
   denn um des Dienstes willen, denke ich, ist es hinlänglich, wenn Sie meinen Wunsch
   und Willen quovis modo und auf dem kürzesten Wege erfüllen, und steht der cate-
   gorische Imperativ hier recht am rechten Orte, da ich das Wort „muß" ganz in
   abstracto und ohne auf die Person Bezug zu nehmen hier brauche.
Über die absonderliche Erscheinung Wäterlings s. auch: Erinnerungen. 1. „Der
Archivrat W." in: Evangelisches Gemeindeblatt. Braunschweig. 1. Jhg. 1884.
Nr. 2.

Landesgerichte oder Gehülfsarchivar bleiben wolle; er wählte die erste Stelle, so daß der alte Wäterling wieder allein blieb und einen an den Scheidenden gerichteten Zettel mit den Worten schloß: ... *und hätte Sie gern zu mein Gehülfen behalten. Wer weis, wen ich nun kriege*[1]!

Die Ursache für die Entfernung[2] Hettlings aus dem Archiv dürfte darin zu suchen sein, daß er das Mißtrauen des jugendlichen Herzogs Karls II. erregt hatte, dem es um jeden Preis darum zu tun war, ohne Beschränkung durch eine Vormundschaft selbst das Regiment zu führen[3]. Schon ein 1820 erschienenes Schriftchen des Kammerpräsidenten Hurlebusch[4] hatte den Verdacht erregt, daß dem Verfasser im Archiv befindliche Quellen zugänglich gemacht seien und hatte das oben S. 85 schon erwähnte strenge Reskript vom 26.6.1820 betr. das Benutzungsverbot ohne ministerielle Genehmigung zur Folge. Später wurde wohl bei Hofe bekannt, daß auch Hettling sich mit der Vormundschaftsfrage befaßt hatte. Er hatte 1820 eine Abhandlung „Über die Frage: In welchem Alter Fürsten aus dem Hause Braunschweig-Wolfenbüttel für volljährig zu achten waren, solange die deutsche Reichsverfassung bestand" verfaßt. Eine Aufforderung zum Bericht über die Verfasserschaft, die Hettling wahrheitsgemäß und mit dem Hinweise beantwortete, daß nur geschichtliche Verhältnisse früherer Zeit dargestellt seien, erging zwar erst am 13.4.1828[5]. Allein es sollte wohl nur das Erkennen des Zusammenhanges mit den früheren Maßnahmen erschwert werden.

Die Stelle Hettlings wurde dem Landesgerichtsprokurator J o h a n n W i l h e l m   O e s t e r r e i c h am 30.9.1827 mit Wirkung vom 1. November ab übertragen[6].

---

[1] L Alt Abt. 36 V, 5.

[2] Als solche muß man die Zurwahlstellung der beiden Ämter, von denen das am Archiv nur 300 Taler einbrachte, wohl bezeichnen.

[3] Vgl. O. v. H e i n e m a n n, Geschichte von Braunschweig und Hannover Bd. III S. 419.

[4] Über den Zeitpunkt der Volljährigkeit der Prinzen aus dem Hause Braunschweig. Helmstedt. 1820.

[5] L Alt Abt. 36 V, 5.

[6] Ebenda. * Wolfenbüttel (BMV.) 26. 4. 1800, Eltern: Advokat Christian Anton Theodor Oe. und s. Ehefrau Johanna Augusta geb. Kern. Gymnasium in Wolfenbüttel, 1818—1821 Studium der Rechtswissenschaft in Göttingen, 1822 Advokat in Braunschweig, 1823 Aktuar beim Kreisamte in Wolfenbüttel, 1825 Advokat, 1826 Prokurator beim Landesgerichte. Landsyndikus bis zum 26. 3. 1874. Während dieser Tätigkeit 1850 Abgeordneter im Erfurter Parlament, 1867 als Nationalliberaler im Norddeutschen Reichstage, 1850—1866 Vorsitzender der Stadtverordnetenversammlung in Braunschweig, 1869—1876 auch Mitglied der Landessynode. † Braunschweig 5. Dezember 1880. — Kirchenbuch BMV. — Nachruf in Braunschw. Anzeigen 1880 Nr. 286.

Der inzwischen (8.4.1819) zum Rat und Archivar ernannte und zu seinem 50jährigen Dienstjubiläum am 30.10.1829 mit dem Charakter eines Ober-Archivars ausgezeichnete Wäterling starb in Wolfenbüttel am 23.5.1833[1]. Seine Dienstzeit war die längste, die je ein Beamter am Wolfenbütteler Archiv abgeleistet hat.

Sein Mitarbeiter Oesterreich wurde am 24. Juli 1833 zum Landsyndikus gewählt und erhielt am 31.7.1833 als Nachfolger in der Stelle als „Sekretär und Gehülfe" bei dem Landeshauptarchiv den Advokaten Dr. jur. Karl Wilhelm Schmidt aus Braunschweig, der am 16.8.1833 in die Geschäfte eingewiesen wurde[2]. In eine geradezu verzweifelte Stimmung wurde Schmidt versetzt, als ihm in Hettling ein unmittelbarer Vorgesetzter gegeben und ihm neben den Sekretariats- auch die Registraturgeschäfte übertragen wurden, obwohl er des Archivs wegen eine Berufung an die Universität Zürich als Professor für römische Rechtsgeschichte ausgeschlagen hatte und ihm offenbar bestimmte Zusicherungen wegen der Wiederbesetzung des Archivariates gemacht waren[3].

Die Ernennung Hettlings zum Archivar beim Landeshauptarchiv erfolgte durch Patent vom 6.10.1834. Ein Reskript vom gleichen Tage bestimmte seine bisherige Tätigkeit als Richter beim Landesgericht zum Hauptamte, machte ihn aber gleichzeitig zum „Archivvorstand und dienstlichen Vorgesetzten des übrigen Archivpersonals". Wie das Ende seines ersten, so hatte auch der Beginn des zweiten Tätigkeitsabschnittes am Archiv politische Hintergründe. Nach einer späteren Notiz Dr. Schmidts sollte erreicht werden, zur Erwirkung der landständischen Zustimmung zu einem bereits ratifizierten Handelsvertrage mit Hannover einige Opponenten aus der Ständeversammlung zu entfernen, darunter Hettling. Daher wurde in einem Schreiben des Ministers v. Schleinitz an jenen vom 3.10.1834 auch die Forderung gestellt, die landständische Stellung als mit dem Archivariate nicht vereinbar aufzugeben. In ziemlich hastiger Weise wurde Hettling trotz mehrfach vorgetragener Bedenken die Stelle mit 412 Tlr. Besoldung übertragen[4].

---

[1] L Alt Abt. 36 V, 4. Über die sein Andenken noch lange bewahrenden Stiftungen s. die S. 87 Anm. 3 genannten Nachrufe.

[2] L Alt Abt. 36 V, 6. — Aus einem Nachrufe in den Braunschw. Anzeigen v. 28.12.1883: * Braunschweig 8.4.1802. Vater: Kantor an der Michaeliskirche. Gymnasium Braunschweig. Studium der Rechtswissenschaft und Promotion zum Dr. jur. in Göttingen. Advokat in Braunschweig. — Am 24.3.1840 zum Archivrat ernannt, womit diese Amtsbezeichnung zum 1. Male verwendet wurde.

[3] Vgl. seinen Brief vom 9.9.1834. L Alt Abt. 36 V, 6.

[4] Ebenda.

4. Die Archivbediensteten seit 1834

Mit dem Jahre 1834 begann eine während langer Zeit eingehaltene Personalbesetzung des Archivs[1]. Neben dem Archivar (Vorstand des Landeshauptarchivs[2]), seit 1.4.1920 Direktor des Landeshauptarchivs, standen ein Archivsekretär als 2. Beamter (1840—57 Archivrat, 1885 bis 1890, 1898—1906, 1911—1933 Archivar, 1890—1898 noch einmal Archivsekretär, 1909—1911 Hülfsbeamter beim Landeshauptarchiv), ein Archivschreiber (seit 1833), ab 1840 mit der alten Dienstbezeichnung Registrator (seit 1920 Reg.-Obersekretär, seit 1934 Regierungsinspektor) und ein zunächst mit dem Obergerichte gemeinsamer, seit 1880 allein für das Archiv tätiger Pedell, zu dem von 1856—1879 noch ein Bote hinzukam.

Die Stelle einer Bibliothekssekretärin war nur während der Jahre 1923—1927 eingerichtet.

Verschiedentlich wurden auch Hülfsarbeiter für wissenschaftliche Aufgaben am Archiv beschäftigt. In den Jahren 1861—1879 waren dies junge Männer, die zur Ausbildung und späteren Verwendung im Archivdienste bestimmt waren. Die Übernahme einer dem Archivwesen völlig fernstehenden Persönlichkeit im Jahre 1884 in ein derartiges Beschäftigungsverhältnis bedeutete zweifellos ein Abgehen von einer schon bewährten und bei größeren Archivverwaltungen selbstverständlichen Übung. Sie hatte auch zur Folge, daß von 1890—1904 die Stelle des 2. wissenschaftlichen Beamten nicht mit einem Historiker besetzt werden konnte.

Die fortgesetzten Bemühungen des Archivvorstandes, der bei jener „aus Gutmütigkeit" erfolgten Stellenbesetzung nicht hatte Einfluß nehmen können und sich um 1900 durch zu geringe Hilfe seitens seiner Mitarbeiter gehemmt sah, hatten keinen Erfolg; auch die wiederholte Forderung, ihm wenigstens eine gering besoldete Fachkraft zur Hilfe bei der Herausgabe eines Braunschweigischen Urkundenbuches beizugeben, fand keine Erfüllung[3]. Wenn auch die technischen Schwierigkeiten der damaligen mehrjährigen Finanzperioden zu berücksichtigen sind und dem Landtage zweifellos mit Recht der Vorwurf mangelnden Interesses an wissenschaftlichen Angelegenheiten wird gemacht werden müssen, so kann man doch auch die in den Jahrzehnten um die Jahrhundertwende tätigen leitenden Staatsbeamten nicht von dem Vorwurfe

---

[1] Die Reihen der verschiedenen Archivbediensteten mit kurzen Lebensläufen sind am Schlusse dieses Abschnittes mitgeteilt.

[2] Im Teil 1 des Braunschweiger Adreßbuches der Jahre 1880—94 heißt es *Mit den Vorstandsgeschäften beauftragt.*

[3] Vgl. Briefe P. Zimmermanns an Dr. A. Tille vom 24. 12. 1900 und Dr. A. Brennecke. LHA V, 16 und 20.

mangelnder Initiative und Fürsorge für die Pflege der geschichtlichen Überlieferung des Landes Braunschweig freisprechen[1]. Die Notwendigkeit, die jahrelangen Verhandlungen um eine feste Gehaltsskala der 2. wissenschaftl. Beamtenstelle[2] in den Jahren 1906—1908 durch nochmalige Einstellung eines Hilfsarbeiters zu überbrücken, kennzeichnet die Kurzsichtigkeit der maßgebenden Stellen in jener wirtschaftlich günstigen Zeit. Damals und auch sonst konnte mit behelfsmäßigen Kräften die Tätigkeit gründlich vorgebildeter Fachbeamter, wie sie in fast allen staatlichen Archiven vorhanden waren, nicht ausreichend ersetzt werden.

Die Archivleiter

1. Johann Heinrich August Hettling[3] 1834—1857. 1831—1834 Propst des Klosters Marienberg und Mitglied der Prälatenkurie der Landschaft. 1834 als Hofrat am Landesgericht im Nebenamte Archivar. Seit 1841 dem gemeinschaftl. Oberappellationsgericht in Wolfenbüttel beigegeben. 3.3.1843 Oberappellationsrat, 18.3.1850 Präsident des Obergerichtes in Wolfenbüttel. † Wolfenbüttel 28.10.1857. — ∞ Philippine Weichsel aus Blankenburg. Keine Kinder.

Für seine Unterstützung Riedels bei der Herausgabe des Codex dipl. Brandenburgensis am 1.6.1840 zum korrespond. Mitglied des Vereins f. Geschichte der Mark Brandenburg ernannt. 1844 Mitglied der Kgl. Gesellschaft für nordische Altertumskunde in Kopenhagen. Teilnehmer der Tagung der Rechts-, Geschichts- und Sprachforscher in Frankfurt a.M. und der Philologentagung in Jena 1846 sowie der Versammlung des Gesamtvereins d. dtsch. Geschichts- und Altertumsvereine in Hildesheim und Hannover 1856.

Die Persönlichkeit Hettlings, in dessen Personalakte sich ein Konvolut *Acta manualia die braunschweigische Revolution 1830 betr.* befindet und dessen Andenken auch in einer Stiftung für unbemittelte und unverheiratete Töchter von Beamten und Advokaten fortlebte, verdiente wohl eine eingehendere Darstellung.

Von Hettling stammt der Aufsatz „Zur Geschichte des vormal. gemeinschaftl. Oberappellations-Gerichts in Wolfenbüttel" Braunschw. Mag. 1857. Stck. 15—19.

---

[1] *Seit Jahren habe ich das* [näml. das Fehlen einer wissenschaftl. Hilfskraft zur Herausgabe eines Urkundenbuches] *dem Ministerium erklärt und um eine Hilfe gebeten. Ganz bescheiden, einen Lehramtskandidaten, der noch nicht angestellt werde und gern für 4—500 Tlr. ein paar Jahre Hilfsdienst thue. Bislang bin ich beim Ministerium oder dem Landtage, dessen Bauern wenig Interesse für Wissenschaft haben, erfolglos gewesen . . .* — P. Zimmermann an Dr. A. Tille a.a.O.

[2] L Alt Abt. 36 V, 20.   [3] S. S. 90 Anm. 1 und L Alt Abt. 36 V, 5 und 6.

2. Karl Wilhelm Schmidt 1857—1879[1]. Übernahm nach Hettlings Tode die Leitung des Landeshauptarchivs. 23.4.1863 Titel Geh. Archivrat. Auf Antrag am 1.11.1879 in den Ruhestand versetzt. — † Wolfenbüttel 22.12.1883. — ∞ Tochter des Kriegsrates Schütte in Braunschweig. Keine Kinder. —

Verfasser umfangreicher Gutachten, der bei Loewe verzeichneten Arbeiten Nr. 2595 und 5303 sowie von Urkundl. Erörterung der Aufnahme der Herzöge zu Braunschweig-Grubenhagen in die kaiserl. Gesamtbelehnung der Herzöge zu Braunschweig und Lüneburg. Leipzig 1862.

3. Karl Justus Wilhelm v. Schmidt-Phiseldeck[III] 1879—1890[2]. * Wolfenbüttel 4.5.1835, Enkel von v. Schmidt-Phiseldeck[II] und Urenkel von v. Schmidt-Phiseldeck[I]. 22.8.1861 nach 2. jurist. Prüfung (Referendar) dem Landeshauptarchiv als Hilfsarbeiter beigegeben. Ab 1.1.1865 Archivsekretär mit 500 Tlr. Gehalt. März 1867 im Nebenamte Syndikus des ritterschaftl. Kreditvereins, 1.1.1875 Konsistorialrat, wobei bis auf weiteres Beibehaltung der Arbeit am Archiv ohne Vergütung gestattet wurde. Ab 1.1.1877 hierfür Vergütung von 600 M jährlich. 1.11.1879 Funktionen des Vorstandes des Landeshauptarchivs. 1.4.1885 Konsistorial-Präsident. 15. Mai 1890 auf Ansuchen von den Vorstandsgeschäften im Landeshauptarchiv entbunden. † Braunschweig 11.10. 1895, □ Wolfenbüttel 14.10.1895. —

Verfasser von Loewe Nr. 2016, 2312, 4779, 4952 sowie folgender Arbeiten:

Der Braunschweigische Credit-Verein. Als Mskr. gedr. Wolfenbüttel 1868. — Der Kampf um die Herrschaft im Harzgau während der 1. Hälfte des 14. Jhdts. Zs. d. Harzvereins 7. Jahrgang (1874). S. 297—319. — Die Urkunden des Klosters Stötterlingenburg. Halle 1874.

Trat im öffentl. Leben Wolfenbüttels als Stadtverordneter (1874 bis 1877) hervor. Mitgründer (24.7.1873) des Ortsvereins für Geschichte und Altertumskunde zu Wolfenbüttel, des späteren Ortsvereins f. Geschichte und Altertümer zu Braunschweig und Wolfenbüttel und dessen Vorstandsmitglied bis 1895[3].

4. Dr. phil. Ernst Wilhelm Paul Zimmermann 1890—1923[4]. * Vorsfelde 26.2.1854. Eltern: der nachmal. Senatspräsident am Oberlandes-

---

[1] S. S.92 Anm.2. — Ferner L Alt Abt. 36 V, 6 und Nachruf in Braunschw. Anz. vom 28.12.1883.

[2] P. Zimmermann, Allgem. Deutsche Biographie Bd. 54 (Leipzig 1908) S. 110—112 und Pers.-Akte.

[3] P. Zimmermann, Braunschw. Magazin 1898 S. 189f.

[4] Nach Pers.-Akte L Alt Abt. 36 V, 7a und H. Voges, Nachruf f. P. Z. im Jhb. d. Braunschw. Gesch.-Vereins 2. Folge Bd. 5 (1933) S. 5 (mit Bild).

gericht Braunschweig Rudolf Zimmermann und Luise geb. Bode. † Kunrau/
Altmark 13.2.1933. ∞ 28.8.1880 Martha Pfaff.* Braunschweig 27.7.
1861. — 2 Söhne, 2 Töchter.

Waisenhausschule und Progymnasium in Braunschweig, 1865—1872
Gymnasium in Wolfenbüttel. 1872—76 Studium der deutschen und
klassischen Philologie, geschichtl. Hilfswissenschaften und Rechtsgeschichte in Leipzig, München und Heidelberg. 28.7.1875 Dr. phil. in
Heidelberg, 1876 philolog. Lehramtsprüfung in Karlsruhe. 30.3.1876 Ein-
tritt als Hülfsarbeiter beim Landeshauptarchiv mit Vergütung von 450 M
vierteljährlich bzw. 225 M, solange er wegen seines Militärdienstes nicht
volle Arbeit leisten konnte. Ab 1.1.1878 Vergütung von 1800 M jährlich.
1. Januar 1879 Archivsekretär, April bis August 1879 Urlaub f. rechts-
wissenschaftl. Studien und zum Kennenlernen der Einrichtungen des
Staatsarchivs in Marburg. 1.4.1885 Archivar, 15.Mai 1890 b.a.w. Geschäfte des Vorstandes des Landeshauptarchivs übernommen, durch
Erlaß vom 28.11.1893 endgültig übertragen erhalten. 19.4.1898 Archivrat,
3. Dezember 1908 Geh. Archivrat, 1.4.1920 Amtsbezeichnung Direktor
des Landeshauptarchivs, 1.1.1924 in den Ruhestand versetzt. 1919/20
stellv. Leitung der braunschweig. Landesbibliothek in Wolfenbüttel.

P. Zimmermann ist durch seine langjährige Tätigkeit in den Vor-
ständen des Gesamtvereins der deutschen Geschichts- und Altertumsvereine, des Hansischen Geschichtsvereins, der Histor. Kommission,
des Vaterländischen Museums in Braunschweig sowie durch seine Leitung
des Braunschweigischen Geschichtsvereines und die Herausgabe von
dessen Veröffentlichungen in weiteren Kreisen auch außerhalb seines
Dienstbereiches bekannt geworden.

Die sehr zahlreichen im Drucke vorliegenden Arbeiten Zimmermanns
sind genannt in den Bibliographien von Loewe und Busch, bei H. Voges,
Inhaltsverzeichnis zu den Veröffentlichungen des Geschichtsvereins für
das Herzogtum Braunschweig usw. (Wolfenbüttel 1938) und Wilh.
Schrader, Personen-, Orts- und Sachverzeichnis für die Braunschweigische Heimat 1910—1933 (Braunschweig 1936).

5. Dr.phil. Hermann Julius Bernhard Voges 1924—1938[1]. *Wolfenbüttel 14.11.1880, Eltern: Lehrer Theodor Voges und Marie geb. Spangen-
berg. † Wolfenbüttel 27.11.1940. — ∞ Wolfenbüttel 4.7.1908 Käthe
Brandes, Tochter des Oberschulrates Dr. W. Brandes in Wolfenbüttel.—
1 Sohn, 2 Töchter.

---

[1] L Alt Abt. 36 V, 20. — W. Spieß, Nachruf auf Hermann Voges. Nieders.
Jhb. f. Landesgesch. Bd. 18. 1941. S. 331—333. — H. Kleinau, In memoriam
Hermann Voges. Nachruf gehalten im Braunschw. Geschichtsverein. Ungedruckt.
Slg Abt. 30 R. 1 Kasten 66.

Gymnasium Wolfenbüttel. 1900—1904 Studium von Geschichte, Hilfswissenschaften, Deutsch, Bibliotheks-Hilfswissenschaften und Erdkunde in Heidelberg und Göttingen, hier 1903 Dr. phil. 1904 Prüfung für das Lehramt an höheren Schulen. Als Mitglied des pädagogischen Seminars in Braunschweig Mich. 1904—1905 am Landeshauptarchiv zur Ausbildung gearbeitet. 1906—1908 im Schuldienste in Wolfenbüttel, 1.4.1908 Oberlehrer am Progymnasium in Bad Harzburg. 1.4.1909 Hülfsarbeiter beim Landeshauptarchiv, 8.12.1911 Archivar, ab 1.1.1924 mit der Führung der Geschäfte des Vorstandes beauftragt, 1.12.1924 Direktor des Landeshauptarchivs. Am 28.6.1938 zum 1.11.1938 in den Ruhestand versetzt.

Veröffentlichungen: Loewe Nr.4590. Ferner s. Busch, das oben genannte, von H. Voges selbst bearbeitete Inhaltsverzeichnis und W. Spieß a. a. O.

Die zweiten Beamten

1. Dr. jur. Karl Wilhelm Schmidt 1833—1857. — S. oben S. 92 u. 95.
2. Karl v. Schmidt-Phiseldeck [III] 1865—1879. — S. oben S. 95.
3. Dr. phil. Paul Zimmermann 1879—1890. — S. oben S. 95f.
4. Albert Frh. v. Bothmer 1890—1906[1]. * Göttingen (St. Jacobi). 12.7.1836, Eltern: Justizrat Karl Friedrich Vincent Ferdinand Frh. v. Bothmer und Adelheid Charl. Marie Sibylle geb. v. Alten. † Hannover 14.9.1917, □ Wolfenbüttel 18.9.1917. — ∞ Thürkow/Mecklenburg 25.11.1879 Mathilde Westphalen. — 1 Tochter.

Ab Januar 1861 Auditor im hannoverschen Staatsdienste, als solcher 1862 beim Amte Celle, dann beim Amte Wöltingerode, 28.11.1864 Amtsassessor und Hülfsbeamter beim Amte Bleckede. 8.5.1868 bei der Landdrostei Stade zum Regierungs-Assessor ernannt. 24.3.1871 von der Regierung in Merseburg auf Antrag entlassen. — Kammerherr des Herzogs von Cumberland. — 11.8.1884 versuchsweise und bis auf weiteres mit 1200 M Vergütung als Hülfsarbeiter am Landeshauptarchiv angestellt. Dienstantritt und Beeidigung 3.10.1884. 1. April 1890 Archivsekretär, 19.4.1898 Titel Archivar.

5. Dr. phil. Hermann Voges 1911—1924. — S. oben S. 96.
6. Dr. phil. Friedrich Schattenberg 1924—1933. Seit 1.1.1924 Hilfsarbeiter am Landeshauptarchiv. 1.12.1924 Archivar. Als Archivrat Okt. 1933 in den Ruhestand versetzt, ab Mai 1934 wieder Angestellter im Archiv. Ausgeschieden 1940.

---

[1] L Alt Abt. 36 V, 11.

Hilfsarbeiter und zeitweise beschäftigte Kräfte[1]

1. Karl v. Schmidt-Phiseldeck [III] 1861—1864. — S. oben S. 95.
2. Dr. phil. Paul Zimmermann 1876—1879. — S. oben S. 95f.
3. Albert Frh. v. Bothmer 1884—1890. — S. oben S. 97.
4. Dr. phil. Paul Schulz Jan.—März 1895. — Später Angestellter an der Herzog-August-Bibliothek in Wolfenbüttel.
5. Oberstleutnant z. D. Heinrich Meier aus Braunschweig 1.12.1906 bis 31.3.1908. Nach Pensionierung Frh. v. Bothmers bis zur Etatisierung der 2. Beamtenstelle durch den Landtag auf Grund eines Dienstvertrages mit 1800 M jährlicher Vergütung als Hülfsarbeiter angestellt. Vertreter des Archivvorstandes.
6. Referendar a.D. Dr. phil. Willy Rosenthal aus Braunschweig hatte ab 8.10.1908 die Erlaubnis vom Staatsministerium erhalten, als Volontär am Landeshauptarchiv zu arbeiten, die aber schon am 20.10.1908 zurückgezogen wurde.
7. Bibliothekarin Gertrude Lintz August 1914—1915. Arbeitete an der Helmstedter Universitäts-Matrikel für Geh. Rat Zimmermann. Wurde als Aushilfe bei Kanzlei- und Ordnungsarbeiten im Archiv herangezogen.
8. Dr. phil. Otto Lerche aus Gr.-Denkte August 1914. Mitarbeiter der Hist. Kommission, stellte sich dem Landeshauptarchiv ab August 1914 vorübergehend zur Aushilfe für den zur Wehrmacht eingezogenen Dr. Voges zur Verfügung.

Registratoren, Sekretäre

1. Heinrich Wilhelm Ehlers 1833—1888[2]. * Greene 29.8.1817 als Sohn eines braunschweig. Feldwebels. † Wolfenbüttel 1. 10. 1888. — ∞ Helmstedt (Steph.) 2.11.1848 Johanne Henriette Auguste Bötticher, Tochter des Kaufmanns Bötticher in Helmstedt. 1 Sohn, 1 Tochter.
Bürgerschule in Wolfenbüttel, Privatkopiist. Eigene Fortbildung im Lateinischen und Französischen. 18.10.1833 als Schreiber zur Aushilfe bei Archivarbeiten mit monatl. Gehalt von 6 Talern angestellt. Bei ganztägiger Beschäftigung ab 1.1.1835 Gehalt auf 10 Taler monatl. erhöht. 2.10.1840 infolge seiner Tätigkeit bei der zur Sammlung der älteren Landesverordnungen angeordneten Kommission, für die Ehlers vom 1.3.1839—1.12.1850 arbeitete, zum Archivregistrator ernannt. 13. Dezember 1876 Titel Sekretär, Mai 1887 Titel Rat.

---

[1] Nach L Alt Abt. 36 V, 16, 18, 19.

[2] L Alt Abt. 36 V, 6 und 12. — Nachruf in Brschwg. Anzeigen Nr. 235 vom 5. 10. 1888.

Ehlers war der erste ständige Beamte des Archivs ohne akademische Vorbildung. Besonders verdient um Ordnungsarbeiten und die Zuführung neuer Archivalien. Mitarbeiter am Walkenrieder Urkundenbuch, dem Cod. dipl. Anhaltinus und dem Asseburger Urkundenbuch. Das bei seinem Tode fast fertige Urkundenbuch der Klöster Dorstadt und Heiningen ist leider nicht zum Drucke gekommen. Die Achtung und Wertschätzung, deren er sich erfreute, fanden in einer gedruckten lateinischen Glückwunschadresse Ausdruck, die ihm die beiden wissenschaftlichen Beamten zu seinem 50jährigen Amtsjubiläum im Oktober 1883 widmeten.

2. Georg August Richard Bötticher 1888—1917[1]. * Börßum 18.9. 1858, Vater: Stationsinspektor (-verwalter) B. in Börßum. Neffe des Rates Ehlers. † Braunschweig 23.6.1934. Realgymnasium Braunschweig, 1.10.1876 eingetreten in das Husaren-Regiment Nr. 17 in Braunschweig, als Militär-Roßarzt-Aspirant zur Lehrschmiede in Berlin kommandiert, da dortige Prüfung nicht bestanden und Einberufung zur Militär-Roßarzt-Schule nicht erfolgte, Oktober 1880 als Unteroffizier d. Reserve ausgeschieden. 1880—1882 private Fortbildung in alten Sprachen und Besuch der Techn. Hochschule in Braunschweig. 1.7.1882 als Sublevant des Archivregistrators an das Landeshauptarchiv. 1.1.1888 Titel Registrator, 19.4.1888 zum Archivregistrator ernannt. Auf Antrag 1.11.1917 aus Gesundheitsgründen in den Ruhestand versetzt.

3. Karl Reiche 1917—1938[2]. * Hedersleben/Kr. Aschersleben 5.3. 1873, † Wolfenbüttel Juli 1940. — 1887—1891 Friseurgewerbe, 1891 bis 1903 Militärdienst. 1903/04 Schreiber im Justizdienste in Braunschweig, 1.5.1905 Gerichtsdiener beim Amtsgerichte Ottenstein. — 1.7.1907 Archivpedell, 16.12.1917 Registrator, 1.4.1920 Reg.-Obersekretär, 5.5.1934 Reg.-Inspektor, 1.4.1938 in den Ruhestand. — R. wurde vielfach zur Verzeichnung neuerer Akten herangezogen.

Bibliothekssekretärin

Susanne Hoffmann. * Braunschweig 24.4.1883. Nach Besuch der Bibliothekarinnenschule in Berlin dort 1903 die Prüfung für bibliothekarische Tätigkeit. Nach Tätigkeit an Bibliotheken in Essen, Berlin, Hannover, Braunschweig und Detmold ab 1.11.1917 auf Dienstvertrag für Kriegsdauer zur Aushilfe im Landeshauptarchiv angestellt. Am 22.4.1922 mit Wirkung vom 1.4.1921 als Hilfsarchivarin und Beamtin planmäßig angestellt. Durch Erlaß vom 5.1.1923 Amtsbezeichnung

---

[1] L Alt Abt. 36 V, 10 und 12. —
[2] Pers.-Akten.

Bibliothekssekretärin. Seit Mai 1927 vertretungsweise an der Herzog-August-Bibliothek tätig, ab 1.9.1927 als Bibliotheks-Obersekretärin dorthin übergetreten.

Pedellen

1. Dem Landgerichtspedell Crome wurde 1833 zugleich die Heizung und Reinigung des Archivs für jährlich 10, später 16 Tlr. übertragen. Wegen Alters ließ Crome später die Arbeiten durch den Arbeiter Hebeler ausführen, der auch nach Cromes Pensionierung um 1850 in dessen Auftrage tätig war. Mit der Entlassung Hebelers aus dem Dienste des Obergerichtes im Februar 1856 endete auch sein Arbeitsverhältnis am Landeshauptarchiv[1].

2. Dieselben Arbeiten wurden für die gleiche Vergütung dem zugleich beim Obergerichte angestellten Arbeiter Ahrens ab 1.4.1856 übertragen, der bei Verlegung des Obergerichts 1879 nach Holzminden ging[2].

Für das Archiv wurde nunmehr auch ein Wächter und Schließer nötig. Für diese und die erwähnten Tätigkeiten wurde durch Reskript vom 13.11.1879 die Stelle eines Archivdieners (Pedell) genehmigt[3].

3. Karl Vasterling 1880—1907[4]. * Engelnstedt 23.1.1849. Vater: Barbier Friedrich Vasterling. † Wolfenbüttel 1.5.1907. Gelernter Musiker, zuletzt Hautboist (Unteroffizier) der 4. Abt. der I. Matrosendivision. Ab 1.2.1880 als Pedell angestellt. Wie häufige Berichte und die Akten des Landeshauptarchivs zeigen, wurde V. außer mit der eigentlichen Pedelltätigkeit auch mit dem Verzeichnen und Ordnen neuerer Akten beschäftigt und erhielt dafür verschiedentlich besondere Vergütungen. Der Archivvorstand sah sich zu einer derartigen Maßnahme gezwungen, weil vom Landtage kein Hilfsarbeiter bewilligt wurde.

4. Karl Reiche 1907—1917. — S. oben S. 99.

5. Erich Zimmermann 1918—1948[5]. — * Wolfenbüttel 24.5.1883. Vater: Schuhmachermeister August Zimmermann. — 1897—1903, 1905—1918 Buchbindergewerbe; Kriegsbeschädigter. 5.12.1918 Archivpedellenstelle vorläufig übertragen erhalten, zum 1.10.1919 endgültig ernannt. Seit 1922 Dienstbezeichnung Hausmeister. 31. Mai 1948 in den Ruhestand versetzt.

---

[1] L Alt Abt. 36 V, 6.

[2] L Alt Abt. 36 V, 7b.

[3] Für die Stelle wurden jährl. 900 M und freie Wohnung bewilligt. Einbegriffen war darin die Vergütung für Dienstleistung als Pedell des Predigerseminars. — L Alt Abt. 36 V, 7b.   [4] Ebenda.   [5] Pers.-Akten.

1. Dem Gehülfsboten **Harms** beim Obergericht wurden ab 1.4.1856 die Botengeschäfte beim Landeshauptarchiv gegen 4 Tlr. Vergütung (ab 1.1.1858 12 Tlr.) jährlich übertragen. 1863 entlassen.

2. Bote der Oberstaatsanwaltschaft **Niedt** 5.12.1863—1879 (Versetzung an das Oberlandesgericht Braunschweig) auch für das Landeshauptarchiv tätig.

VI.

Die Gesamtarchive („Communarchive")
in Braunschweig und Wolfenbüttel

1. *Das braunschweigisch-lüneburgische (ältere) Gesamtarchiv im Blasius-stift in Braunschweig*

Auf die Anfänge des seit 1428 nachweisbaren Archivs ist bereits im 1. Abschnitte dieser Arbeit hingewiesen. Bär hat festgestellt, daß eine gemeinsame Öffnung durch Beauftragte der damaligen Linien des Herzoghauses 1538 erfolgt sei. Vielleicht liegt hierbei eine Verwechselung vor, denn nach einem Protokoll von 1611 wurden Samturkunden auf Grund eines Vergleiches von 1528 bei St. Blasius niedergesetzt[1]. Über die frühesten Bestandsänderungen des Samtarchivs in den Jahren 1513 und 1514 durch Urkundenentnahmen seitens der Herzöge Heinrich d. Mittleren von Lüneburg und Heinrich d. Älteren von Wolfenbüttel und über die 1558 an Herzog Erich II. von Calenberg erfolgte Abgabe von Wunstorfschen Urkunden wissen wir nur durch Abschriften von Verzeichnissen[2].

In den hiesigen Akten liegt eine sichere gleichzeitige Nachricht erst darüber vor, daß bei einer auf Anregung des Herzogs Franz Otto abgehaltenen Zusammenkunft der braunschweig. Herzöge zur Regelung der Verhältnisse des Blasius- und Cyriakusstifts am 29.8.1555 eine Besichtigung, Registrierung und Wiederverschließung *der Clausuren und Schlesser in der Burgk und auff dem Capittel-Hause* stattfand. Am 4.6.1567 nahm das Kapitel eine kaiserliche Lehnsurkunde für das Haus Braunschweig bis zu ihrer Niederlegung in die herzogliche *gemeine*

---

[1] Gesch. d. StA. Hannover S. 81. — L Alt Abt. 36 I, 1.
[2] Anlage A Nr. 201 u. 202 zum Protokoll v. Okt. 1796. — L Alt Abt. 36 I, 3.

Clausur in Verwahrung[1]. 1570 stellte es einen Revers aus, die 3 kaiserlichen Original-Lehnbriefe nur mit Wissen und Willen sämtlicher beteiligten Fürsten herausgeben zu wollen[2]. Auf Grund eines Rezesses zwischen den sämtlichen Herzögen vom 3.8.1571 Abs. 4 wurde am 23. September 1571 für jeden ein Verzeichnis und ein Kopialbuch des Archivinhaltes angelegt, der in einem neuen Eichenkasten und in Kapseln, die in einer alten Schiffskiste verpackt waren, aufbewahrt wurde[3].

Am 14.4.1584 erhielt das Archiv einen kleinen Zuwachs. Der Kämmerer Johann Lautitz hatte auf herzogl. Befehl sieben ihm vom Kammersekretär Tobias Schonemeyer aus dem Briefgewölbe in Wolfenbüttel auszuhändigende kaiserliche Lehnbriefe *in die gemeine Sambt-Truhen oder Kasten beim Domkapitel* zu bringen. Erst 1601 fand die nächste Öffnung des Archivs statt; Herzog Ernst von Lüneburg benötigte eine Urkunde aus der Samttruhe, zu deren Entnahme aus Wolfenbüttel der Kammersekretär Johann Bodemeyer und der Registrator Lorenz Berckelmann abgeordnet wurden[4].

Ein ungewisses Schicksal schien dem Archiv im Jahre 1611 bevorzustehen. Die schon 1606 vom Kaiser gegen die in jahrelangen heftigen Kämpfen mit dem Herzog Heinrich Julius liegende Stadt Braunschweig verhängte Reichsacht wurde am 19.3.1610 erneuert, 1611 auf dem niedersächsischen Kreistage in Halberstadt öffentlich verkündet und der Herzog mit ihrer Vollstreckung beauftragt[5]. Herzog Christian d. Ä. von Celle hatte Sorge, die aufsässigen Braunschweiger würden die wichtigen Gesamturkunden fortnehmen, und ließ auf einer Zusammenkunft zwischen lüneburgischen und wolfenbüttelschen Delegierten am

---

[1] L Alt Abt. 36 I, 1.

[2] Anlage A Nr. 203 zum Protokoll vom Okt. 1796. — L Alt Abt. 36 I, 3.

[3] Notiz v. Prauns zur Abschr. eines Verzeichnisses in L Alt Abt. 36 I, 4. — In L Alt Abt. 36 I, 12 wird als Heft 1 die Abschr. eines Verzeichnisses o. D. *der Samptbriefe, so in dem Gewelbe auff Capittelhause Sancti Blasii zu befinden,* aufgestellt von Johannes Haferlant (Bertolds Sohn), Erich Hüpeden, Ludwig Hüpeden und Heinrich Schele, verwahrt. Der Titel eines Kopialbuches, das sich Herzog August d. J. am 23. 10. 1651 holen ließ, lautete: *Anno 1571, den 4. Augusti, seind die beiden fürstlichen Clausuren in der Garwekamer der Stiefft Kirchen zu S. Blasii binnen Braunschweig, darinnen aller Fürsten zue Br. und Lüneburch Sambt-Briefe verwaret werden, durch die hierzu sonderlich verordnete und abgesandte Räthe . . .* [folgen Namen u. Dienstherren] *eröfnet; die Briefe nach einander ordentlich durchgesehen, sopalt inventiret und folgents durch Johann Haverland, Bartolts Sonen, Erich Hüpeden, Ludwig Ziegenmeiern und Heinrich Scheelen in certo ordine registriret und auscultiret worden in allermaßen wie hernach folget.* — L Alt Abt. 36 I, 1.

[4] Ebenda. Protokoll v. 30. 7. 1601.

[5] O. v. Heinemann a.a.O. Bd. III S. 31.

12.7.1611 den Vorschlag machen, die Samturkunden[1] nach dem Michaeliskloster in Lüneburg zu bringen, bis die Zeiten wieder ruhiger würden. Es sei Gefahr im Verzuge. Der inzwischen zur Regierung gelangte Herzog Friedrich Ulrich von Wolfenbüttel machte am 12.12.1614 den Gegenvorschlag, die Samttruhe eine Zeitlang beim Stift SS. Simon und Judä in Goslar unterzustellen. Herzog Christian wiederholte daraufhin am 19.12.1614 seinen Vorschlag. Aber aus beiden Plänen wurde nichts. Denn am 5.3.1616 fand man sich in Wolfenbüttel zu einer neuen Öffnung des Archives bereit, um die seit 1604 Verhandlungen mit Christian von Celle geschwebt hatten, der dringend Urkunden des Samtarchivs für einen Prozeß mit dem Grafen von Waldeck um die Herrschaft Vlotho benötigte, der vor dem hessischen Hofgerichte in Marburg und schließlich vor dem Reichskammergerichte schwebte. Dieses mußte erst die Öffnung des Archivs verlangen, um die Ablehnung und Verschleppung von Wolfenbüttel aus zu beenden. Eine Abschrift des Reverses Herzog Christians vom 13.4.1616 trägt den Vermerk, seine Urschrift sei nach Zurücklieferung der s. Zt. herausgegebenen 4 Original-Lehnbriefe am 8.10.1836 dem königl. hannoverschen Archivrat Pertz ausgehändigt worden[2].

Eine Nachprüfung der Urkunden in der *Sacristei oder Gerwekammer* des Blasiusstiftes an Hand des Kopialbuches durch den Notar Johann Brandes im Jahre 1635 ergab, daß inzwischen weitere Urkunden — die jüngste von 1598 — in den neuen Eichenkasten gelegt waren. Der Inhalt der anderen Kiste war derselbe geblieben. In einem Zusatzprotokoll führte der Notar noch besonders wichtige Bücher der Wolfenbütteler Kanzlei auf, die wegen des Krieges nach Braunschweig gebracht waren und auf dem hinteren Gewölbe des Kapitelhauses verwahrt wurden, darunter ein Protokoll der fürstl. Samtbriefe in der Klausur auf dem Kapitelhause zu St. Blasii[3] und ein Buch, in das am 25.11.1569 verzeichnet war, was in den Laden und Schachteln auf der Heinrichsburg damals vorhanden war. Der Art. 11 des Erbvergleiches vom 14.12.1635 bestimmte ausdrücklich, daß die Samturkunden den alten Verträgen gemäß beim Blasiusstifte verbleiben sollten. In einem Berichte von 1636 ist der Aufbewahrungsort der Urkunden *Sakristei auf dem Capitelhause auch Clausur* genannt[4].

---

[1] Nach seiner Angabe die auf Grund eines Verzeichnisses von 1528 bei St. Blasii niedergesetzten Urkunden.

[2] L Alt Abt. 36 I, 1.

[3] L Alt Abt. 36 I, 12 Heft 2. — Die Bezeichnungen für den Aufbewahrungsort schwanken also.

[4] L Alt Abt. 36 I, 9. Postskript zum Bericht des Sebastian Martens v. 10.2.1636.

Verhältnismäßig schnell scheint das nur selten benutzte kleine Archiv in Vergessenheit geraten zu sein. Gelegentlich der Trennungsarbeiten im Jahre 1669 erinnerte man sich daran, daß *vor langen Jahren* ein Kasten mit wichtigen Originalurkunden beim Blasiusstifte deponiert war. Die Stiftsherren konnten keine Auskunft darüber geben. Allein ein Deputierter aus Celle hatte einen gezeichneten Schlüssel, ein Beamter aus Hannover ein Verzeichnis über den Inhalt des Kastens. Man öffnete schließlich am Himmelfahrtstage 1669 *die Clausur in der Blasius-Domkirche* und fand den mit 3 Schlössern versehenen Kasten. Einige Tage später überreichte der Registrator Schade ein Verzeichnis des Inhaltes des 1571 deponierten, *seither vermißten* Kastens[1].

Die späteren Öffnungen des Archivs 1687, 1691 und im 18. Jhdt. erwähnt Bär; er schildert auch kurz die weiteren Schicksale des 1836 in das damalige Landeshauptarchiv gekommenen Archivs, auf dessen gemeinsamen Verschluß im Jahre 1885 seitens der preußischen Verwaltung verzichtet wurde[2].

Nach fast 90 Jahren, am 13.1.1672, wurde dem Archiv wieder ein neuer Bestandteil hinzugefügt. Es war ein schwarzer Kasten mit einigen Allodialakten und Rechnungen, den man laut Quittung des Stiftes in seiner Sakristei niedersetzte[3].

Gelegentlich der schon von Bär[4] erwähnten Öffnungen und Nachprüfungen des Gesamtarchivs in der Klausur im Juni 1687 und August 1691[5] wurden Kopien von Urkunden gefertigt. Bei jener, an der aus Hannover der Hofrat Leibniz, aus Wolfenbüttel Archivar und Lehnssekretär Schade und Adjunktus Archivarii und Sekretär Müller teilnahmen, wurde außer den 3 alten Kästen in der Sakristei auch der Inhalt des vierten Kastens genau untersucht und verzeichnet. An der alten Schiffskiste waren die Schlösser beschädigt; 2 Urkunden fehlten.

Während zwei Öffnungen des Gesamtarchivs am 26.4. und 8.8.1730 nur der Entnahme einiger Originalurkunden für Abschriften anläßlich der kaiserlichen Belehnung bzw. der Nachprüfung einiger Urkunden durch Hannover dienten, wozu beide Male nur die (2.) sog. Schiffskiste geöffnet wurde, hatte eine Durchsicht des Archivs am 7.10.1722 einen ganz anderen Zweck. Die hannoversche Regierung unterstützte die Forschungen des Historiographen Johann Georg Eckhard (Eccard), insbesondere solche nach Siegeln des 12.—14. Jhdts. Im Wolfenbütteler Archiv fand man keines und verwies auf die Urkunden der Klöster. Aber Eckhard durfte auch die 3 Kästen des Gesamtarchivs in der alten Sakristei durchsehen. Eine genaue Prüfung der Eichen- und der Schiffs-

---

[1] Ebenda.   [2] A.a.O. S. 81f.   [3] L Alt Abt. 36 I, 2.   [4] A.a.O. S. 81.
[5] Hierzu und zu den 3 folgenden Absätzen s. L Alt Abt. 36 I, 2.

kiste ergab, daß 4 darin enthaltene Urkunden 1687 noch nicht verzeichnet waren. Die 1672 eingestellte Kiste mit Allodialakten enthielt nur Quittungen über das Kommunionsalzwerk Liebenhalle aus der Zeit von 1650 bis 1670.

Auch der nächste Besuch im Samtarchiv war der eines Geschichtsforschers. Während Eckhard wohl Stoff für die ersten Bände des großen, den Namen Leibniz an der Spitze tragenden Werkes zusammengetragen hatte, beabsichtigte nun der Hofrat Scheidt für Bd. III und IV der Origines Guelficae Urkunden zu vergleichen und Siegel abzuzeichnen. Man sah vom 7.—10. 6. 1751 den Inhalt der beiden alten Kisten auf der Kapitelstube durch; Scheidt erhielt 7 Urkunden auf 6 Monate nach Hannover ausgeliehen, darunter 3 mit goldenen Siegeln, von denen heute leider nur noch eins erhalten ist. Da das Copialbuch von 1571 nur summarisch angelegt war, wurden 68 Urkunden zur Anfertigung von Abschriften nach Wolfenbüttel mitgenommen. — Die von Scheidt entliehenen Stücke kamen erst im Jahre 1756 zurück.

Es trat nun eine längere Ruhezeit für das ältere Gesamtarchiv ein. Sie wurde durch einen Bericht des Blasiusstiftes unterbrochen, wonach die Kisten in seiner Hauptregistratur von Würmern zerfressen seien, so daß zu befürchten wäre, auch der Inhalt sei beschädigt. Am 17. 6. 1791 schlug daraufhin der Geheime Rat in Hannover eine Besichtigung deswegen und nötigenfalls die Anfertigung anderer Behälter vor. Bei der Untersuchung vom 28./29. 9. und 1. 10. 1791 (mit Rat Kestner aus Hannover) ergab sich, daß der Inhalt der Schiffskiste ohne Schaden war, sie selbst aber erneuert werden mußte. An den beiden anderen Kisten und ihrem Inhalte fand man nichts auszusetzen. Aber darüber hinaus standen in der alten Sakristei noch zwei weitere, angeblich zum Gesamtarchiv gehörende Kisten. Man öffnete sie in Gegenwart eines Notars und stellte als Inhalt Reichs- und Kreisakten vornehmlich des 17. Jhdts. fest, schlug infolge ihrer Schadhaftigkeit die Anfertigung von neuen Kisten vor und setzte dann alle 5 Kisten in die alte Stiftssakristei zurück. Nachforschungen im Wolfenbütteler Archiv ergaben, daß die beiden neu aufgetauchten Kisten einen Teil des älteren Archivs des Niedersächsischen Kreises ausmachten. Sie waren geraume Zeit in Verwahrung des Leibmedikus Dr. Martin Gosky gewesen, der sie auf Grund des Lüneburger Rezesses von 1652 gegen Erstattung der Aufbewahrungskosten ausgeliefert hatte. Nach Aussonderung der das Erzstift Magdeburg betreffenden Stücke waren die Kisten laut Instrument und Inventar vom 1. 5. 1656 (im Wolfenbütteler Archiv) von den Kreissekretären in die Sakristei niedergesetzt, *weil wegen eines Gewölbes zum Archiv noch kein gewisser Schluß erfolgen können.*

Die 1791 für nötig befundene Revision und Inventur des Archivs fand ab 20.10.1796 durch den Hofrat und Vizearchivar Kestner und dessen Sohn, den Archivauditor Kestner, sowie den Hofrat und Archivar v. Schmidt-Phiseldeck [I] und dessen Sohn, den Archivsekretär v. Schmidt-Phiseldeck [II], statt. In der „alten Sakristei oder jetzigen Hauptregistratur" des Stiftes befanden sich nur die drei alten Kästen, denn die 1791 aufgeführten beiden weiteren Kisten waren auf Verlangen der Kreisdirektorialgesandten bei dem letzten Kreiskonvent in Hildesheim im Juni 1796 an diese ausgeliefert[1]. Der am 21.10. beginnenden Revision wurde das oben angeführte 1635 ergänzte Inventar von 1571 zugrunde gelegt. Man begann mit der alten Schiffskiste, legte deren Inhalt in einen 1791 verfertigten eichenen Kasten um, machte genauere Inhaltsangaben einiger in dem alten Verzeichnis nur summarisch angegebener Urkunden und stellte Abweichungen, z.B. in der Anzahl der Siegel, von denen einzelne abgefallen oder beschädigt waren, sowie bei unrichtig angegebenen Daten fest. In derselben Weise wurde am 31.10. der Inhalt der sog. neuen eichenen Kiste geprüft und ihr Inhalt mit den Nummern 205—232 versehen. Schließlich verfuhr man ebenso mit dem als Nr. 233—247 gezählten Inhalt der dritten, tannenen Kiste. Die 1635 mit aufgeführten alten Kanzleibücher waren nicht mehr beim älteren Gesamtarchiv.

Zu dem am 3.11. geöffneten Kasten mit Allodialsachen (Quittungen des Salzwerkes Liebenhalle) wurde erstmalig ein Verzeichnis angelegt.

Die Tage bis zum 14. November benötigten die Archivare zur Aufstellung eines Inventars unter Verwendung der neuen Nummern. Man zählte 248 Urkunden außer dem Inhalt des Allodialkastens. Weiterhin wurden noch Abschriften der Urkunden gefertigt, die in den alten Kopialbüchern fehlten, und diese beiderseits auf gleichen Stand gebracht. 32 noch nicht kopierte Urkunden nahm man je zur Hälfte mit nach Hannover und Wolfenbüttel. Die Archivkisten wurden am 5.12.1796 wieder in die alte Sakristei gebracht, die alte Schiffskiste bekam der Stiftskämmerer geschenkt.

Die nächste, am 11.6.1801, vorgenommene Öffnung[2] des Archivs durch Archivsekretär Kestner und den Konsistorialrat v. Schmidt-Phiseldeck [II] diente zunächst der Zurücklegung der 1796 zur Kopierung entnommenen Urkunden nach ihrer Vidimation. Man verglich bis zum 15.7. den Supplementband zum Kopialbuche des Archivs, die Richtigkeit und Vollständigkeit der beiderseitigen Bücher sowie das Vorhandensein aller Originalurkunden. An jenem Tage kam man überein, deren

---

[1] L Alt Abt. 36 I, 3.   [2] L Alt Abt. 36 I, 4.

Aufbewahrung in Schachteln, ledernen Behältnissen, Näpfen und Schüsseln sei nicht anständig und der Erhaltung der Stücke nachteilig. Es wurde beschlossen, den beiderseitigen Regierungen die Anschaffung tragbarer Schränke mit Schiebladen, eine bessere Verzeichnung der Urkunden sowie eine Ergänzung des Gesamtarchivs durch beide fürstliche Häuser betreffende Urkunden (z. B. Reichslehnbriefe) aus den beiderseitigen Archiven vorzuschlagen. Am 16.7. wurden die beiden Kisten verschlossen und in die alte Sakristei zurückgebracht.

Während der französischen Okkupation war das ältere Gesamtarchiv unberührt und unversehrt geblieben, wie das Geh. Ratskolleg am 2.12. 1814 an das hannoversche Ministerium auf dessen Anfrage berichtete. Dem kleinen Bestande muß immerhin einige Bedeutung beigemessen sein, denn am 2.11.1818 wurden dem auf der Reise in Braunschweig weilenden Herzog von Clarence[1] durch den beim Archiv in Wolfenbüttel angestellten Hettling in Gegenwart der Herzöge Karl II. und Wilhelm und mehrerer hoher Beamter die wichtigsten Stücke gezeigt. In dem Berichte darüber[2] wurde an die Ausführung der 1801 gemachten Vorschläge erinnert, zumal sich in den als Urkundenbehälter dienenden sog. ledernen Maschen Insekten zeigten.

Im Jahre 1819 wurden in Zusammenarbeit der Archive in Wolfenbüttel und Hannover tragbare Schränke nach einem hier vorhandenen Muster beschafft. Auch wurde in beiden Archiven an einer Zusammenstellung der zur Ergänzung des Gesamtarchivs geeigneten Urkunden gearbeitet[3]. Im Februar waren die Schränke fertig; im März lag ein neues, nach bestimmten Sachgruppen gegliedertes Verzeichnis der 243 Urkunden von der Hand Wäterlings vor. Allein der frühe Tod Schädtlers am 27.6.1820 ließ die Arbeiten ins Stocken geraten. Erst im Juli 1825 machte Pertz Vorschläge über deren Fortsetzung, und am 21.11.1825 kam er aus Hannover nach Braunschweig hinüber, um mit dem Archivar Hettling dem älteren Gesamtarchiv seine letzte Ordnung zu geben[4]. Die beiden Kisten mit den Urkunden und der hölzerne Koffer mit den Allodialpapieren wurden aus der alten Sakristei zu den neuen Schränken in die Kapitelstube gebracht. Man prüfte an Hand des alten Verzeichnisses die Urkunden und ordnete sie nach dem neuen in die beiden neuen Schränke ein, wobei eine gründliche Reinigung von Staub und Insekten

---

[1] Wilhelm, Prinz von Großbritannien und Hannover, der spätere König Wilhelm IV. Vgl. Goth. Hofkalender 1830.

[2] L Alt Abt. 36 I, 4.

[3] Ausführlicher Schriftwechsel des Rates Wäterling in Wolfenbüttel und des Archivsekretärs Schädtler in Hannover s. L Alt Abt. 36 I, 5.

[4] Protokoll ebenda.

vorgenommen wurde. Zu dem Verzeichnis von 1796 wurde eine Konkordanz aufgestellt. Bei Beendigung der Arbeiten am 26.11.1825 wurden die alten Kisten verschenkt, die Näpfe, Schachteln und Maschen, in denen die Urkunden gelegen hatten, wurden vernichtet. Zu der von Pertz im Mai 1826 vorgeschlagenen Vervollständigung des Archivs, wozu er nach einem näher angegebenen Verfahren an 200 Urkunden ausgewählt hatte, ist es — wohl wegen des Alters und der geringen Beweglichkeit des alten Wäterling — glücklicherweise nicht gekommen[1]. Denn am 7.9.1830 ereilte das am Morgen dieses Tages auf Befehl Herzog Karls II. in die Staatskanzlei gebrachte Archiv sein Schicksal. Am Abend brannte das Schloß, u.a. die Räume der Staatskanzlei wurden zerstört und geplündert.

Am 12.10.1830 waren etwa 90 Urkunden wieder herbeigeschafft; 2 goldene Bullen fehlten. 1835 waren insgesamt 99 Stücke, insbesondere durch die Bemühungen des Stadtdirektors Bode, beisammen, die im landschaftlichen Archiv verwahrt wurden. Am 5. bis 9. Oktober verglichen die beiderseitigen Archivare Pertz und Hettling zusammen mit dem Landsyndikus den geretteten Bestand mit dem Verzeichnis von 1825, und nach dem Transport nach Wolfenbüttel wurden die Urkunden am 10.10.1836 in einen neuen Schrank mit 2 Schlössern im Archiv niedergelegt[2].

Im Laufe der Jahre fanden sich zwar noch einige Urkunden des Gesamtarchivs wieder an[3], aber die Mehrzahl ist verschollen.

Der im Staatsarchiv Hannover verwahrte Schlüssel zu dem einen der beiden Schlösser wurde gelegentlich einer Benutzung 1885 nach Wolfenbüttel gegeben, von einem ferneren Verschlusse des Schrankes wurde Abstand genommen[4].

2. Das (jüngere) sog. Communarchiv in Braunschweig und Wolfenbüttel

Zu Beginn der zweiten Hälfte des 30jährigen Krieges führten Ereignisse im braunschweigischen Fürstenhause zu einschneidenden Änderungen in den Archivalienbeständen des Herzogtums Braunschweig.

---

[1] So auch schon M. Bär a.a.O. S. 81f.

[2] L Alt Abt. 36 I, 5. Vgl. M. Bär a.a.O.

[3] So 1842 aus dem Nachlasse des Cichorienfabrikanten Leidloff in Braunschweig 4 Urkunden durch Vermittlung des Stadtdirektors Bode; 1854 eine Urkunde Papst Coelestins III. von 1191 aus dem Nachlasse eines Braunschweiger Schuhmachermeisters; schließlich wurden infolge eines Zeitungsaufrufes zu Spenden für das Stadtarchiv in Braunschweig diesem 2 Stücke geschenkt, die nach langwierigen Verhandlungen 1872 in das LHA gelangten. — L Alt Abt. 36 I, 5.

[4] M. Bär a.a.O. S. 82.

Der frühe Tod des kinderlosen Herzog Friedrich Ulrich (1634) hatte den Erbvergleich von Braunschweig vom 14.12.1635 zur Folge, nach dem das Fürstentum Calenberg-Göttingen an die Lüneburger Linie, das Fürstentum Wolfenbüttel an Herzog August d. J. von der Dannenberger Linie fiel[1]. Entsprechend sollte gemäß Art. 11 des Vergleiches das in Braunschweig und Wolfenbüttel hinterlassene Archiv aufgeteilt werden. Daß unter dem Begriff Archiv hier nicht ein geschlossener Archivkörper, sondern der gesamte schriftliche Niederschlag der braunschweig-wolfen-büttel-calenbergischen Verwaltung, soweit er sich im Gewahrsam des 1634 erledigten Fürstentumes befand, zu verstehen ist, werden die folgenden Ausführungen zeigen. Über die das gesamte herzogl. Haus betreffenden Dokumente ist bereits das Erforderliche gesagt. Aus Hannover sollten nach dem Vergleich etwa vorhandene wolfenbüttelsche Akten gemeinsam nach Braunschweig überführt werden[2]. Daß hierbei für Wolfenbüttel so gut wie nichts herauskam, hat Bär[3] bereits dargelegt.

Das jüngere Gesamtarchiv in Braunschweig

Wie schon oben im Abschnitt III 2 ausgeführt worden ist, hatte man 1627 und 1630 Teile des Wolfenbütteler Archivs in das Kapitelhaus von St. Blasius in Braunschweig[4] gebracht, das bis zur Rückkehr Herzog Augusts d. J. nach Wolfenbüttel 1644 Sitz der obersten Behörden war. Man bezeichnete seit 1635 diese ursprünglich Wolfenbütteler Archivteile zusammen mit den übrigen aus der Regierungszeit Herzog Friedrich Ulrichs her in Braunschweig vorhandenen Urkunden und Akten ebenfalls als Communarchiv. Zum Unterschiede von dem soeben besprochenen (alten) Gesamtarchiv wird es im folgenden als jüngeres Gesamtarchiv in Braunschweig bezeichnet.

Die Teilung *auf dem Kapitelhause in der Burg in Braunschweig* wurde sofort nach dem Erbvergleiche von Braunschweig in Angriff genommen. Schon am 10.2.1636 erstattete der herzogliche Beauftragte Sebastian Mertenß[5] an Herzog August d. J. Bericht darüber. Es wirkten als Dele-

---

[1] Vgl. O. v. Heinemann a.a.O. Bd. III S. 86f., 89.

[2] Abschr. 17. Jhdt. im Sammelband braunschw. Rezesse 1635—1643 Bl. 8 (Landsch.-Bibl. Nr. 85). — Druck: Rehtmeier, Brschwg.-Lüneb. Chron. III S. 1403. — Dieselben Bestimmungen sind auch in Abschn. 12 des an den Kaiser zur Bestätigung übersandten Celler Rezesses vom 10.12.1636 aufgenommen. Abschr. 17. Jhdt. Ldsch.-Bibl. Nr. 85 Bl. 23.

[3] A.a.O. S. 7f. — Vgl. auch Instruktion für die wolfenbüttelschen Abgesandten vom 24. 3. 1638 und ihren Bericht vom 13. 6. 1639. L Alt Abt. 36 I, 9.

[4] S. auch Vermerk Wäterlings auf L Alt Abt. 36 I, 8.

[5] Fehlt bei Samse a.a.O.

gierte mit für Braunschweig-Wolfenbüttel der Rat Dr. Heinrich Schmerehm und der Berichterstatter Mertenß, Dr. Wiesenhafer für Celle und Sekretär Theodor Block für Harburg (wegen Blankenburg-Regenstein). Das *Archiv in dem Gewölbe hinter der Bibliothek (alias Clausur genannt*[1]*)* stand unter der Verwaltung und Verschluß des Registrators Carl Stißer[2]. Die wolfenbüttelschen Deputierten verwahrten die ihnen zugefallenen Sachen in einem in der Ratsstube aufgestellten, von Mertenß verschlossenen weißen Kasten, der noch wiederholt im späteren Schriftwechsel erwähnt wird. Die anderen Deputierten nahmen das auf ihr Land Fallende gemäß Verzeichnis vom 11.1.1636 (LHA I 14) an sich. Die das ganze fürstl. Haus betreffenden Sachen wurden in dem Gewölbe geordnet gelagert, dazu die Militaria und die das Stift Hildesheim betreffenden Sachen[3].

Die Deputierten ließen sich ferner im Dezember 1635 und Januar 1636 aus den laufenden Registraturen — auch sie waren also in *das in Braunschweig hinterlassene Archiv* Friedrich Ulrichs einbegriffen — an Hand von weiteren Verzeichnissen die auf ihre Territorien bezüglichen Stücke ausantworten, während die gemeinsamen Stücke jeweils gesondert verzeichnet wurden. Die einzelnen Teilungsmassen[4] und die Bearbeiter von deren Verzeichnissen waren:

1. Akten der Ratsstube: der ehem. Kammersekretär Julius August Vitus[5];
2. Akten aus den Gemächern der Sekretäre (Amts-, Kloster-, Bergregistratur): Sekretär Bertold Ritter[6];
3. Prozeßakten der Kanzlei: Sekretär Adolf Windhorn[7];
4. Gerichtsakten: Kanzleisekretär und Aktuar Burchard Rumpff[8];
5. Kanzlei- (Gerichts-) und Kriegsakten: Sekretär und Aktuar Franz Hartwig[9];

---

[1] So auch am 6. 2. 1636 *das Gesamtarchiv, so sich hinter der Bibliothec auff dem Capitel-Hause in unser Burgk alhier befindet.* L Alt Abt. 36 I, 14.

[2] Lebensdaten s. Samse a. a. O. S. 241. — Vgl. oben S. 48.

[3] Vgl. Verzeichnis Nr. 1 in L Alt Abt. 36 I, 14.

[4] Nach M. Bär a. a. O. S. 8 Anm. 1 waren die neueren wolfenbüttelschen auf Calenberg bezüglichen Kanzleiakten nach Braunschweig gebracht. Wie die Verzeichnisse beweisen, handelt es sich bei den zu teilenden Beständen aber keineswegs nur um Kanzlei- und auch nicht nur um jüngere Akten, sondern offenbar um nach sachlichen Gesichtspunkten (wohl nach Bedarf zur laufenden Verwaltung) ausgewählte Bestände.

[5] Fehlt bei Samse a. a. O. — Die zu 1) bis 9) gehörigen Verzeichnisse in L Alt Abt. 36 I, 14 Nr. 2 bis 10.

[6] 1636 Kloster- und Amtssekretär. Samse a. a. O. S. 233.

[7] Vgl. Samse a. a. O. S. 238.

[8] Vgl. Samse a. a. O. S. 241.   [9] Fehlt bei Samse.

6. Lehnsbriefe und dazugehörige Akten: Lehnssekretär Julius Berg-
kelmann[1];

7. Akten, Protokolle und Bücher des Konsistoriums sowie betr. Stadt
Braunschweig und die Gerichte Eich und Wendhausen: Sekretär
Zacharias Bötticher[2];

8. Akten des Hofgerichts: Sekretär Hieronymus Tünte[3];

9. Kammersachen: die Kämmerer Andreas Reiche und Johann
Freudenhamer[4].

Ferner wurden festgestellt und verzeichnet:

a) die noch bei Juristenfakultäten befindlichen Akten[5];

b) die von Dr. Walthausen[6] benutzten und zur Advokatur gehörenden Amtsakten;

c) bei Abreise des Sekretärs Block[7] am 5.2. nach Hannover noch
streitige Stücke, die in einen schwarzen Schrank auf der alten
Kriegsratstube und dann zu den gemeinsamen in das Gewölbe
gelegt waren.

Über zwei nach Celle gegebene Bücher liegt schließlich eine Quittung
bei[8].

Das Gewölbe mit den Gesamtarchivalien wurde nach Beendigung
der Arbeiten unter gemeinsamen Verschluß genommen.

Die vorstehende Zusammenstellung gewährt nicht nur einen Überblick über die Bestände des jüngeren Gesamtarchivs in Braunschweig,
sondern gibt auch Aufschluß über die dort arbeitenden Behörden und
deren wichtigste Sekretäre.

Im Rezeß von Peine beschlossen die braunschweigischen Herzöge
aller Linien am 10.3.1637 die Fortsetzung der Teilung des Archivs in
Braunschweig ab 20.3. und anschließend deren Durchführung in
Hannover[9]. Die Wolfenbütteler Räte schlugen der calenbergischen

---

[1] Lehnssekretär 1632. 1636, vgl. Samse a.a.O. S. 236. — Umfangreiche Verzeichnisse, bes. von Hildesheimer Lehnsakten, aus der Teilung s. auch L Alt Abt.
36 I, 9 (am Ende).

[2] Seit 1626 Konsistorialsekretär. Samse a.a.O. S. 238. — Die Konsistorial-
akten wurden, wie schon äußerlich die gemeinsame Verzeichnung mit anderen
Beständen zeigt, keineswegs anders als die der übrigen Zentralbehörden behandelt,
wie man es 300 Jahre später für angebracht hält.

[3] Nach 1625 Hofgerichtssekretär. Samse a.a.O. S. 232.

[4] Reiche 1629 Hofkämmerer, 1636 Kammermeister; Freudenhamer 1632
Kämmerer. Vgl. Samse a.a.O. S. 197. 204.

[5] Die unter a) bis c) angeführten Verzeichnisse s. L Alt Abt. 36 I, 14 Nr. 11—13.

[6] 1626 Amtsadvokat u. Hofgerichtsassessor. Samse a.a.O. S. 181.

[7] Vgl. Samse a.a.O. S. 234.

[8] L Alt Abt. 36 I, 14 Nr. 14.   [9] Ldsch.-Bibl. Nr. 85 Bl. 50 v. Art. 7.

Regierung in Hildesheim schon am 13.3.1637 vor, an dem in Peine festgesetzten Tage zu beginnen. Allein diese wollten vor einer Zusammenkunft erst die Verzeichnisse durchsehen; so wurde von Herzog Georg erst am 13.5.1637 der Konsistorialrat, Kreis- und Lehnssekretär Theodor Block nach Braunschweig abgeordnet, von wo er am 25.5. über Streitigkeiten um Hildesheimer Akten berichtete[1]. Nach weiteren schriftlichen Verhandlungen kam man im Juli 1637 überein, die Hildesheimer Parteisachen an Calenberg zu übergeben; die Akten betr. die Stadt Braunschweig und die Stifter St. Cyriaci und St. Blasii wurden den Wolfenbüttelern unter ausdrücklichem Vorbehalt aller Rechte überlassen. Nach längerem Hin und Her und Terminsverschiebungen infolge der kriegerischen Ereignisse konnte Theodor Block am 17.10.1637 über den Empfang der hildesheimischen Acta publica quittieren. Wie eine Aktenausleihe durch Calenberg von Ende Oktober 1637 zeigt, war man aber mit der Teilung nicht zu Ende gekommen.

Auch noch am 20.6.1648 mußte Herzog Christian Ludwig aus Hannover um gemeinsame Öffnung bitten, als er aus dem Gesamtarchive *auf dem Kapitelhause zu St. Blasii bei der Hofgerichtsstube* Kriegssachen zu bekommen wünschte[2]. Leider ist über die 1830 abgerissenen Stiftsgebäude[3] wenig bekannt. H. Dürre nahm an, daß sich über dem an der Südseite des Domes gelegenen Kreuzgange ein Stockwerk befunden habe, das u.a. den Kapitelsaal, die Stiftsbibliothek und das Archiv enthalten habe[4].

Die Hofgerichtsstube muß ein fester Begriff in der damaligen Verwaltung gewesen sein, denn schon die Hofgerichtsordnung von 1571 bestimmte, daß das Gericht in Braunschweig und Wolfenbüttel 4mal jährlich gehalten werden solle. Aus der Zeit von 1577—1635 sind mehrere Gerichtsorte bekannt, darunter mindestens für 1579 und 1634/35 die Kapitelstube des Blasiusstiftes[5].

Die Verwahrung dieses jüngeren Gesamtarchivs war dem Blasiusstifte mit der Zeit wohl lästig geworden.

Als sich Herzog Georg von Calenberg 1651 ein Kopialbuch über das alte Gesamtarchiv in der Stiftssakristei aus Wolfenbüttel erbat, wurde

---

[1] L Alt Abt. 36 I, 9.

[2] Ebenda. — Eine weitere Öffnung fand im September 1652 statt, als in Hannover lothringische Akten benötigt wurden. — Ebd.

[3] P. J. Meier und K. Steinacker, Die Bau- und Kunstdenkmäler der Stadt Braunschweig. 2. Aufl. Braunschweig 1926 S. 13.

[4] H. Dürre, Geschichte der Stadt Braunschweig im Mittelalter. Br. 1861. S. 679.

[5] Ldsch. Bibl. Nr. 3068. — Ad. Steinacker, L. F. Fredersdorffs Promtuarium der Braunschweig-Wolfenbüttelschen Landes-Verordnungen mit Hinweisung auf die neuere Gesetzgebung. Gandersheim 1838/39. Bd. 1 S. 447.

von hier aus Rückfrage gehalten. Das Stift berichtete am 16.12.1651, das fürstl. Archiv in der Stifts-Clausur habe kein Kopialbuch. Bei dieser Gelegenheit wurde die Bitte ausgesprochen, das Gewölbe bei der fürstl. Hofgerichtsstube, worin vor Jahren das Gesamtarchiv niedergesetzt wäre, zu öffnen und dem Stift wieder einzuräumen, weil es noch Kästen und Schränke mit alten Urkunden und Akten darin stehen habe[1].

Das Stift unternahm bald darauf einen weiteren Versuch, das Gesamtarchiv loszuwerden. Sein Dekan schrieb am 19.4.1656 an den Kanzler Johann Schwarzkopf, die in den Hof des Stiftsseniors gehenden Fenster im Gewölbe, in dem das Gesamtarchiv *ein Zeit lang ist verwahrlich halten,* seien schadhaft geworden. Die in ihrer Nähe liegenden Akten und Dokumente könnten leicht Schaden nehmen. Man möge daher einen geeigneteren Aufbewahrungsort wählen und den Raum dem Stifte zurückgeben, zumal es auch Urkunden und Akten darin liegen habe. Erst am 29.1.1659 kamen die wolfenbüttelschen Räte in einem Schreiben an ihre hannoverschen Kollegen auf die Angelegenheit zurück. Sie schlugen vor, *das Gewölbe bei der Hofgerichtsstube, darin auch einige Kisten und Schränke des Stiftes,* bei der bevorstehenden Zusammenkunft zu öffnen[2]. Auf Vorschlag von Hannover wurde für die Archivalien in dem Gewölbe im Oktober 1660 ein neuer Schrank aufgestellt.

Im Jahre 1665 wurde an den Beständen des jüngeren Gesamtarchivs gearbeitet[3]. Der Archivar Schade reichte an Statthalter und Räte mit einem Berichte (ohne Monats- und Tagesangabe 1665) Verzeichnisse mit der Meldung ein, daß die Akten auf dem Kapitelhause wieder in richtige gute Ordnung gebracht und verzeichnet und daß auch die Wolfenbüttel und Calenberg jeweils angehenden Sachen gesondert gelagert seien[4]. Er erbat eine Anweisung an Hand der Verzeichnisse, was er nach Hannover ausliefern sollte[5].

Den Umfang des nach Sachgruppen geteilten jüngeren Gesamtarchivs gibt eine *Designatio Originalium et Actorum des fstl. Commun Archivi auf dem Capittelhause des Stifts St. Blasii in Braunschweig befindlich,*

---

[1] L Alt Abt. 36 I, 1. — Eine Kopie des schließlich in Wolfenbüttel aufgefundenen Kopialbuches wurde 1652 an Calenberg gegeben.

[2] L Alt Abt. 36 I, 9.

[3] Bericht Chr. Schades an Herzog August d. J. v. 10.2.1665. L Alt Abt. 36 VI A, 2.

[4] Die jene Trennung angebenden Listen dürften das *Verzeichnis des 1665 im Communarchiv in Braunschweig Vorhandenen* in L Alt Abt. 36 I, 9 bilden.

[5] L Alt Abt. 36 VI A, 2. — Hiermit dürfte im Zusammenhange stehen Schades Bericht vom 22.11.1665, wonach im Kapitelhause *gute Ordnung* geschaffen war und die jedes Land betr. Sachen ausgesondert waren. L Alt Abt. 36 I, 9.

in einem großen weißen Schappe[1] *und schwartzen Rustkasten, so von beyden fürstl. Heusern bschw.-wolfenb. und calenbergischen Theils verschlossen und versiegelt worden den 1. Junii 1665,* das in doppelter Ausfertigung erhalten ist. Die Titelblätter beider Hefte enthalten auch einen Vermerk über das Ende des Archivs: es wurde im August 1691 durch das Los geteilt. In der einen Ausfertigung finden sich Vermerke des hannoverschen Archivars Viet zu den einzelnen Abteilungen, in welcher Weise das Los für Hannover oder Wolfenbüttel entschied[2].

Das sog. Communarchiv in Wolfenbüttel

Ähnlich dem Schicksale der in Braunschweig zusammengebrachten und erwachsenen Bestände des sog. jüngeren Communarchivs war auch das der in Wolfenbüttel bei Herzog Friedrich Ulrichs Tode 1634 vorhandenen Akten. Angesichts der höchst ärgerlichen Vorgänge des Jahres 1636 wollte man anscheinend wenigstens von der calenbergischen Linie des Fürstenhauses etwas unternehmen, um einen Teil der so leicht zugänglich gewordenen Akten und Urkunden zu sichern. Der peinl. Gerichts-Sekretär Friedrich Orthlepius erhielt am 21.3.1636 den Auftrag zur Durchführung der im Erbvergleiche von 1635 beschlossenen Teilung der Wolfenbütteler Bestände; die calenbergischen Sachen sollte er für die Kanzlei in Hannover, die wolfenbüttelschen und blankenburgischen Sachen für Herzog August d. J. aussondern und verzeichnen[3]. Der alte Sekretär bat diesen um etwas Holz für sein Schreibstüblein und Zuteilung eines Schreiberjungen und fügte einen beweglichen Klagebrief an die calenbergischen Räte bei, in dem er seine elende Lage und seine hohen rückständigen Forderungen an die herzogl. Kammer in Hannover schilderte. Der alte Herr dürfte in dem unruhigen Wolfenbüttel nicht weit mit seiner Arbeit gekommen sein. Lediglich die Hildesheimer Akten wurden 1637 an Herzog Georg ausgeliefert[4].

So trafen denn die herzoglichen Vettern im Rezeß wegen der Festung Wolfenbüttel vom 21.4.1640 die Abmachung, daß die dort noch vorhandenen Akten und Urkunden so bald wie möglich gemeinsam versiegelt, nachher besichtigt, was zum gemeinsamen Archiv gehörte, aufgenommen und diesem zugeführt, das übrige aber dem Fürstentume ausgehändigt werden sollte, zu dem es gehörte[5].

---

[1] Späterer Randvermerk dazu: *Dieser weiße Schapp steht im Capitelhause im Gewölbe bey dem Zimmer, wo vor diesem das Hofgericht gehalten worden.* —
[2] L Alt Abt. 36 I, 8. — Die Haupteinteilung ist auch in der Bestandsübersicht über alle Archive des 17. Jhdts. in L Alt Abt. 36 I, 12 enthalten.
[3] L Alt Abt. 36 I, 9.
[4] L Alt Abt. 36 VI, 1.   [5] Abschr. 17. Jhdt. Landsch. Bibl. Nr. 85.

Aber erst einige Zeit nach dem Abzuge der kaiserlichen Besatzung konnte an die vorgesehenen Arbeiten ernstlich gedacht werden. Am 18.12.1643 wurde der Herzog Christian Ludwig in Hannover daran erinnert, daß bei Versiegelung des Archivs in Wolfenbüttel u.a. etliche Kanzleistuben auf der fürstl. Kanzlei *wie auch der Gewelber unter unser eigenem Gemach in bemelter unser Festung* versiegelt worden seien. Die versiegelten Gemächer könnten nicht entbehrt werden, weil Hofstaat und Kanzlei in den allernächsten Tagen von Braunschweig nach Wolfenbüttel [zurück]verlegt werden sollten. Der Herzog wurde um Entsendung von Bevollmächtigten gebeten, damit die Räume geöffnet und die Sachen daraus unter neuer Versiegelung bis zu ihrer Trennung an einen geeigneten Ort gelegt werden könnten[1]. In Hannover erklärt man sich bereit, wegen *Eröffnung etzlicher zu behueff des darin vorhandenen Archivi versiegelten Cantzley stuben, dann auch des Saelß ober dem Marstalle, auch Abbringung derer darauff vorhandenen Sachen* jemanden zu schicken[2]. Man sieht aus diesem Schriftwechsel, wie weit der Begriff des wolfenbüttelschen Commun-Archivs gefaßt wurde.

Die Trennung der Archivalien und die Auseinandersetzungen deswegen gestalteten sich schwierig und waren noch umständlicher, als es die knappen Angaben bei Bär[3] annehmen lassen.

Der Umstand, daß man in Hannover Konsistorial-, Kloster-, und Lehnsakten benötigte, deren Vorhandensein auf der ehemals sog. Lehnskammer über der fürstl. Ratstube in Wolfenbüttel bei der Besichtigung im August 1642 (s. oben S. 42) festgestellt war, gab den Anlaß, am 2.4. 1644 um Trennung der noch in Wolfenbüttel befindlichen Akten zu bitten und die Entsendung eines Beauftragten anzukündigen. Wolfenbüttel war einverstanden. Aber erst Ende Mai 1645 kamen Burchard Rumpf und Karl Stißer als hannoversche Deputierte zur Trennung calenbergischer, unter gemeinsamem Verschluß in Wolfenbüttel liegender Akten hierhin. Die beiden Abgesandten dankten am 13.7.1645 unter Rücksendung von 7 zum Transport geliehener Kisten und kündigten 2 Fuhren an, die 2 Kästen, 1 Bierfaß und ein Schapp mit weiteren calenbergischen Akten nach Hannover holen sollten.

Im September 1646 setzten die beiden genannten hannoverschen Beamten die Trennungsarbeiten in Wolfenbüttel fort. Auch im Juli 1647 wurden die Arbeiten weitergeführt. Am 10.7.1647 wurde zwischen den beteiligten Landesherren ein Rezeß wegen der Teilung des vorerst noch gemeinschaftlichen Archivs in Wolfenbüttel geschlossen, der am

---

[1] L Alt Abt. 36 I, 9.
[2] Schreiben Hzg. Christian Ludwigs an Hzg. August d. J. v. 21.12.1643. — L Alt Abt. 36 I, 9.   [3] A.a.O. S. 9.

10.5.1669 zwischen Herzog Rudolf August von Braunschweig und Herzog Johann Friedrich von Hannover erneuert wurde[1]. Bei der Teilung sollte so verfahren werden, daß die Bestände aus der Zeit vor 1584 an das Gebiet des Ursprungs zurückgegeben werden und die bis 1635 ergangenen Sachen dem Fürstentume zufallen sollten, dessen Bezirk sie angingen; beide Fürstentümer gemeinsam angehende Sachen sollten gemeinsam bleiben[2]. Durch das mehrfache Eindringen in das Archiv während des 30jährigen Krieges war doch erhebliche Unordnung entstanden, so daß sich 1650 unter der Kanzlei im Hofgerichtsgewölbe und über der Kanzlei in einer Kammer noch Gesamtakten befanden, deren Teilung bis dahin nicht möglich gewesen war[3]. Auch weitere Anläufe dazu, wie die Entsendung des calenbergischen Konsistorialsekretärs Konrad Clacius im September 1652[4] und der beiden mit Instruktion vom 5.6.1661 versehenen hannoverschen Beamten, Grenzsekretär Volmar und Lehnssekretär und Archivarius Str(a)ube, für den nach seiner bald erfolgten Rückberufung nach Hannover von wolfenbüttelscher Seite der mit den Dingen vertraute Lehnssekretär Chr. Otto Reiche zur Mitarbeit bestimmt wurde[5], vermochten die jedes Mal vorgesehene Trennung des Restes der Akten nicht zu erreichen. Zwischendurch mußte, wenn Akten von einem der beiden beteiligten Fürstentümer benötigt wurden, mehrfach die umständliche Öffnung des Archivs durch beiderseitige Deputierte erfolgen[6].

Im Jahre 1661, wo von Hannover der Lehnssekretär und Archivar Strube abermals nach Wolfenbüttel entsandt wurde[7], war nach einem Berichte des Registrators Christoph Schade in Wolfenbüttel das Gesamtarchiv *in solcher unglaublichen großen Confusion*, daß die Arbeit daran viel Zeit erforderte und er bitten mußte, statt täglich nur wöchentlich ein Verzeichnis der gesonderten Akten einsenden zu müssen. Noch im Oktober 1661 war Schade voll beschäftigt mit den Arbeiten an den

---

[1] Hierzu und zum Vorhergehenden s. L Alt Abt. 36 I, 9.

[2] Notiz des Archivars F. Wäterling von 1809 in L Alt Abt. 36 V, 4. — M. Bär a.a.O. S. 9.

[3] Schreiben aus Hannover vom 25.6.1650 in L Alt Abt. 36 I, 9 und aus Wolfenbüttel vom 10.9.1650 in L Alt Abt. 36 VI A, 1. — Am 2.9.1652 *Das Gesampt-Registratur-Gewölbe unter der Hofgerichts-Audientz Stube.* Ebda.

[4] 26.9.1652. — Aus diesem Arbeitsabschnitte Designationen der im Communarchiv in Wolfenbüttel vorhandenen Kreisakten und Reichssachen. L Alt Abt. 36 I, 9. — Vgl. auch L Alt Abt. 36 VI A, 1 (Okt. 1652).

[5] L Alt Abt. 36 I, 9. — Vgl. M. Bär a.a.O. S. 9.

[6] L Alt Abt. 36 I, 9. — S. auch Anforderung des Archivschlüssels von Herzog Georg Wilhelm aus Hannover vom 23.8.1650 durch Herzog August d. J., der etwas daraus einsehen wollte, in L Alt Abt. 36 VI A, 1; ferner 18.5.1660 ebd. —

[7] M. Bär a.a.O. S. 9.

Gesamtakten[1]. Im September 1662 wurden wieder einige Fuder Akten nach Hannover geschafft[2].

Die Fortsetzung der Arbeiten, zu der von Hannover der Grenzsekretär und Archivar Johann Viet entsandt wurde[3], führten 1665 so weit, daß nur noch alte Bergsachen und ein großer Haufen Einzelsachen im Gewölbe unter der Hofgerichts-Audienzstube auf der Erde lagen und eine Kammer oben im Kanzleigebäude voll gemeinsamer Akten war. Am 23.8.1665 war der hannoversche Beamte schon wieder abgereist. Die Arbeit oben in der Kammer hoffte man in Wolfenbüttel damals in 2 Sommern bewältigen zu können[4].

Aber erst nach Abschluß der schon erwähnten Vereinbarung im Mai 1669 trafen Sekretäre und Archivare aus Celle und Hannover zur weiteren flüchtigen Sonderung der Bestände in Wolfenbüttel ein[5]. Über die Ergebnisse der Teilungsarbeiten von 1662, 1665 und 1669 unterrichten die jeweils gefertigten Aufstellungen[6].

Der letzte Abschnitt dieser langwierigen Auseinandersetzung begann erst mit einem Antrage aus Wolfenbüttel vom 24.3.1682 auf Teilung der restlichen Communia im Gewölbe der Kanzlei. Man brauchte den Raum und schlug, um der Sache ein Ende zu machen, Teilung durch das Los vor[7]. Am 4.4.1682 wurden Bergsachen nach Zellerfeld gebracht[8]. Während der Jahre 1684—1691 fanden fortlaufende schriftliche Erörterungen über die Durchführung der Restteilung zwischen Wolfenbüttel und Hannover statt, bis am 13.3.1691 ein neuer Vorschlag von Wolfenbüttel aus gemacht wurde. Am 18.—28. Mai und 12.—15. Juni vollzogen der Obereinnehmer und Archivar Viet aus Hannover und der Archivar Müller aus Wolfenbüttel die Teilung. Von dem ungeordneten Reste kam der 1. Teil an Wolfenbüttel, der 2. an Calenberg; dazu bekamen von 6 Kramfässern voll ungeordneter Akten Wolfenbüttel und Calenberg nach dem Lose je drei[9]. Am 28.8.1691 fuhren 3 sechsspännige Fuhrwerke die Akten nach Hannover ab; ein großer Kasten blieb zurück, da er nicht aus dem Gewölbe herausgebracht werden konnte[10].

---

[1] 8. 7. 1661 in L Alt Abt. 36 I, 9 am Ende und 18. 10. 1661 ebd.

[2] Ebenda.   [3] M. Bär a.a.O.   [4] L Alt Abt. 36 I, 9 und VI A, 1.

[5] L Alt Abt. 36 I, 9. — M. Bär a.a.O.   [6] L Alt Abt. 36 I, 11.

[7] L Alt Abt. 36 I, 9. — M. Bär a.a.O. gibt, wohl fälschlich, das Jahr 1685 an.

[8] Bericht aus Wolfenbüttel nach Hannover in L Alt Abt. 36 I, 9.

[9] Ebenda Protokoll über die Teilung.

[10] Ebenda. — Ob es sich um diese Akten handelt, die in einem Bericht des Archivars Röber vom 18. 7. 1712 als zum cal.-wolfenb. Communarchiv gehörig und im Gewölbe unter dem Hofgerichtsrelationsgemache befindlich bezeichnet werden, ließ sich nicht mit Sicherheit feststellen. Es könnte sich um den heutigen Bestand L Alt Abt. 41 Fb. 3 handeln.

Anhang 1
(zu S. 21 f.)

Generalinventar des Archivs in dem großen Gewölbe unter der Kanzlei
[in Wolfenbüttel], wie solches Herzog Julius verfertigen lassen, von 1578.
(L Alt Abt. 36 II, 7).

[Die folgende Übersicht gibt die Überschriften der einzelnen Abschnitte des
Inventars wieder, vom 2. Abschnitt an freilich ohne die bis Bl. 326 jeweils wieder-
kehrende Umschreibung *In der Schachtel, so intituliert* usw. Die eingeklammerten
Ziffern geben die Anzahl der unter den einzelnen Überschriften aufgeführten
Betreffe an.]

Bl.	1	In der Schachtel, so intituliert Röm. Kay. und Kön. Majestet, sein nach- folgende Schreiben befunden worden (106)
Bl.	7	Spanien, Polen und Engelandt (21)
Bl.	9	Konnige zu Schweden und Dennemarck (16)
Bl.	11	Churfurst zu Meinz, Colln, Treier (17)
Bl.	13	Salzburg, Wurzburg, Bamberg (33)
Bl.	16	Pfalz und Bayern (8)
Bl.	17	v Sachsen Churfurst (24)
Bl.	21	Brandenburg Churfurst (29)
Bl.	23	Magdeburg, Halberstadt (49)
Bl.	26	Bremen, Minden, Verden (31)
Bl.	29	Munster und Oßnabrucck (10)
Bl.	30	Paderborn (17)
Bl.	31	Gemeine Geistlichen (6)
Bl.	32	Geistliche Visitation (14)
Bl.	33	Sachsen zu Weimar (13)
Bl.	33	Baden und Brandenburg (59)
Bl.	39	Gulich (16)
Bl.	41	Pommern (10)
Bl.	42	Mecklenburg (31)
Bl.	45	Wurtenberg (4)
Bl.	46	Hessen (10)
Bl.	49	Herzog Erich (55)
Bl.	55	Luneburgische Herzogen (19)
Bl.	57	Grubenhagen (20)
Bl.	60	Holstein und Herzog Wilhelm zu Braunschweig (7)
Bl.	61	Lewenburg (8)
Bl.	65	Anhaldt, Meissen und Ligniz (8)
Bl.	67	Teutsche Meister, gefurste Ebte und Ebtissin (16)
Bl.	69	Abt zu Corvey und Hoxer (19)
Bl.	71	Ebtissin zu Ganderßheim (13)
Bl.	73	Hennenberg, Montfordt und andere ober- und niederländische Graffen (7)

Bl. 74 Oldenburg und Schwartzburgk (19)
Bl. 76 Honstein und Stolberg (6)
Bl. 78 Manßfeldt, Reinstein und Warberg (12)
Bl. 79 Hoia und Schomburgk (7)
Bl. 80 Lippe, Spiegelberg, Plesse und Dieffholz (6)
Bl. 82 Furstliche Witwen (14)
Bl. 84 Ober- und niederlendische Stette (11)
Bl. 85 Hertzog Erichen Greniz-Sachen (5)
Bl. 87) Luneburgische Greniz-Sachen. { Erste Schachtel (27)
Bl. 91) Luneburgische Greniz-Sachen. { Andere Schachtel (13)
Bl. 93 Brandenburgische, magdeburgische und halberstettische Greniz (11)
Bl. 95 Erste Rumor-Schachtel (16)
Bl. 97 Ander Rumor-Schachtel (8)
Bl. 98 Dritte Rumor-Schachtel (19)
Bl. 100 Vorrichte Cammersachen (10)
Bl. 102 Capittel Blasii, Cyriaci und Petersberg (23)
Bl. 105 Cumptor und Closter im Furstenthumb. Lucklem, Supplingburg, Wedding-
       gen (9). Rittershausen (10). Marienthal (15). Amelunxborn (12). Ringelem
       (6). Konnigslutter (4). Claus (1). Reiffenberg (3). Schoeningen (1). Franken-
       berg (4). Heningen (1). Dorstadt (3). Brunßhausen (1). Stetterburgk (15).
       Georgenberg (1). Unser lieben Frawenberg vor Helmstedt (1). Kemnaden
       (1). Neuwerck (1)
Bl. 118 Stadt Magdeburg, Bremen, Hamburg (14)
Bl. 121 Mulhausen, Lubeck, Northausen (14)
Bl. 123 Eimbeck, Gottingen, Northeim, Luneburg (5)
Bl. 125 Hannover, Hamelen, Minden, Bodenwerder (8)
Bl. 127 Stette im Furstenthumb (20)
Bl. 132 Erste gemeine Sachen[1]) (51)
Bl. 136 Ander gemeine Schachtel (39)
Bl. 140 Dritte gemeine Schachtel (37)

Volgen die sechs großen Schachtel.

Bl. 150 Reichs-Schachtel (32)
Bl. 154 Kreis-Schachtel (60)
Bl. 160 Stadt Braunschweig (44)
Bl. 171 Hildensheim (46)
Bl. 177 Stadt Goßlar erste Schachtel (21; durchweg Konvolute mit ganz be-
        sonders zahlreichen Unterbetreffen)
Bl. 200 Stadt Goßlar andere Schachtel (43; wie vorsthd.)

Volget, was in dem Schaff beim Ofen zubefinden.

Bl. 232 Fürstenberg, Forst, Wickensen, Ottenstein (28)
Bl. 234 Green, Ganderßheim, Winzenburg (14, 3 u. 22)
Bl. 237 Stauffenburg, Westerhoffe, Seesen und Bilderla (7 u. 9 u. 13)
Bl. 240 Lutter, Liebenburg, Hartzburg (3 u. 7 u. 19)
Bl. 243 Schoeningen und Jerxheim (5 u. 11)
Bl. 245 Hessem (4)
Bl. 246 Wulffenbüttel (25)

---

[1] Sachen für durchgestrichen: Schachtel.

Bl. 247	Gebershagen, Woldenberg, Lichtenberg und Steinbrugk (4 u. 17 u. 20 u. 21)
Bl. 253	Schlos- und andere Verschreibungen

Bl. 253   Schlos- und andere Verschreibungen

Woldenberg (3), Jerxheim (1), Calvorde (4), Hessem (5), Wiedela (5), Finenburg (7), Westerhoffe (1), Newenhaus (1), Newenbruck (5), Seesen (4), Ottenstein (6), Konnigslutter (5), Brunsrode (1), Bardorff (2), Gandersheim (1), gemeine Verschreibungen (10)

Bl. 259   Gemeine Sachen das Furstenthumb belangendt (20)

Bl. 261   Brieff und Siegell

Brieffe, so in originali vorhanden (35). Volgen etzliche alte gecassirte Brieffe, so in dieser Schachtel zubefinden (55).

Bl. 267   Was bei der Hessen Zeiten ergangen (13)

Bl. 269   Urfrieden und peinliche Hendel (141)

Mehr sein in dieser Schachtel mit Buchstaben signiert zubefinden (A—K)

Bl. 275   Berghendel und Bleihendel (52)

Bl. 280   Fürstliche Schreiben in bevorstehende Emporung und andere Sachen anno 1553 (43)

Bl. 283   Lehenleutte in- und außerhalb Fürstenthumbs (27)

Bl. 307   Schuldtsachen (12)

Bl. 319   Grenizsachen aller Embter und sonst enzell.

Weill diese Sachen underschiedlich in allerley Ambter gehorig und von Martin Probsten, Grenizsecretarien, albereit in ihre gehorende *classes dirigirt* und in sein Greniz-Inventarium an ordentlichen Ortten, dahin sie hernach zu Erfullung der Sachen gebracht werden mussen, verzeichnet, ist unnotig eracht, dieselbe alhier als *in inconvenienti loco* und durch einander vermenget einzuschreiben.

Bl. 321   Gemeine Parteysachen (21)

Bl. 326   Allerley Sachen (76)

Bl. 331   In diesem Schaffe seind auch vier ledige Schachtelen.

Hernach stehet das Consistorial-Schaff im Fenster und hart daran wieder intitulirt Wulf Hasen Registratur. Darinnen nachvolgende Hendel und Sachen befunden worden:

Bl. 332   Erstlich in der Kay. Mayestett Schachtel (11)

Bl. 333   In der Rom. Kon. Mayestett Schachtel (10)

Bl. 334   In der Konnige Hispannien, Dennemarck und Schweden Schachtel (12)

Bl. 335   In der Churfursten zu Sachsen und Brandenburg, auch der anderen vier Churfursten Schachtel (10)

Bl. 336   In des Erzbischoffs zu Salzburg und Herzog Albrechts zu Beiern Schachtel, dareinnen auch Erzbischoffs zu Magdeburg und Bischoffs zu Oßnabruck (6)

Bl. 337   In des Erzbischoffs von Bremen, Cardinals von Augsburg, Bischoffs zu Minden und Osnabrugke und Herzog Wilhelms Schachtel (14)

Bl. 338   In Herzog Erichs und anderer Fursten Schachtel (12)

Bl. 339   In der Landtgraven zu Hessen Schachtel (8)

Bl. 340   Arras, Seldt, Schwendi, Obernburg, Pfinzinger Schachtel (14)

Bl. 341   In Marggraff Johans und Matthias Helden Schachtel (16)

Bl. 342   Herzog Albrechts zu Bayern Schriffte, sonderlich der oberlendischen Stette halben, auch Munsterbergsche und grubenhägische Schachtel (8)

Bl. 343 Herzog Erichs, Herzog Franzes zu Sachsen und S. F. G. Fraw Mutter und des Herzogen zu Gülich Schachtel (12)

Bl. 344 Konnig zu Dennemarck und Schweden, Churfurst zu Sachsen und Landtgraven zu Hessen Schachtel (11)

Bl. 345 Des Gubernators in den Niederlanden, auch Christoff von Karlewizen Schachtel (6)

Bl. 346 Schachtel allerhandt fürstlichen Heuraths-Sachen und geheimer Handtlung (18)

Verzeichnus aller Hendel und Sachen, so in Wolf Hasens Reise-Kasten befunden.

Bl. 348 Erstlich seindt oben auff in dem Reisekasten volgende Sachen mit *numeris* registrirt (51)

Bl. 352 In den kleinen Schachteln in der (!) Reisekaste ist nachverzeichnetes befunden: Erstlich Rom. Kay. und Kon. Mayestett, auch sonst andere Konnige und Konniginnen (14)

Bl. 354 Aller Herzogen zu Braunschweig und Luneburg (4)

Bl. 355 Des Churfursten zu Sachsen und aller anderer geistlichen und weltlichen Chur- und Fursten Schachtel (9)

Bl. 356 Erz- und Bischoffe Bremen, Magdeburg, Minden und andere geistliche und weldtliche niedersachsische Fürsten (9)

Bl. 357 Oberlandische geistliche und weldtliche Fürsten (5)

Bl. 357 v Herzog Franz zu Sachsen und der Graven zu Oldenburg und Delmenhorst und Frieslandt (3)

Bl. 358 Eine Schachtel, darinnen ezliche Bergwergshendel und Ambtsachen liegen

Bl. 358 Eine Schachtel, darauf stehet *Expedienda* (9)

Bl. 359 Rumor Zeittung und sonst allerley gemeine Sachen (14)

Bl. 361 Letzte Schachtel, darauf kein Titel darein befunden (13)

Bl. 362 Volget, was in dem kleinen schwarzen Schaff an Bucheren, gemeinen Außschreiben und sonsten befunden. [In 3 nummerierten Fächern und 2 Schachteln (48)]

Bl. 368 v Volget das große gelbe Schaff bey der Thür.

Bl. 369 Darinnen im obere Fach die Chammergerichtssachen, so Caspar Ude anno 76 ube[r]andtwortet hat, daruber nachvolgendt Inventarium verfertigt: [Titel des *Regestum und Designation . . . eingeben den 4. Junii anno etc. 76.*] (18)

Bl. 370 v Hernach folgen der oberlandische und anderer Stette gesunderte Handlung und gesunderte Proces Actorum (5)

Bl. 372 Hernach folgen Verzeichnis der Goslarischen alten und newen Sachen (14)

Bl. 375. 376 [Einige Bücher und die Akten betr. Philipp Sömmering und Hofgerichtsakten]

Bl. 378 Auch stehet ein klein rodt Ledlein in diesem Schaff, darinnen ezliche Hildesheimische Sachen, welche der Herr Secretari Abel Ruck in ein Buch zusammen registrirt.

Bl. 379 Auff dem weissen Schaff, darein Wulf Hasens Registratur, sein nachvolgende Hendel befunden, mit *numeris* registrirt und wieder hinaufgelegt worden. (33)

Bl. 380 In dem schwarzen Karnier mit A signirt seind furnemblich Sachen, so Johan Mese underhanden gehabt (A—Qq)

Bl. 383 ff. [Von 6 weiteren schwarzen Karnieren, mit B—G und I signirt, ist der Inhalt nur summarisch angegeben, bei dem mit H gezeichneten weißen Sacke und dem schwarzen Karnier mit K sind 15 bzw. 31 Betreffe angeführt.]

Bl. 393 Noch stehet in diesem Gewelbe Doctor Heinrich Nappens Kasten, darinnen die einliegende Sachen in folgender Ordnung mit Numeris registrirt worden (89).

Anhang 2
(zu S. 44 mit Anm. 4).

Dispositio der hochfürstlich braunschweigischen lüneburgischen General-Registratur zu Wolffenb. und deren unterschiedliche Classes.

[Aufgestellt um 1665 vom Archivar Christoph Schade.] (L Alt Abt. 36 I 12, Heft 3.)

Publica Reichs-*, Creiß-*, Deputation-*, Union-*, Revision-, Communication-*, Müntz-Probation-Sachen*.

Keyserliche Cammergerichts-Sachen
Grentz-* und Jurisdiction-* auch
Berg-, Forst- und Jägerey-Sachen
Fürstliche Cammersachen*

1. Fürstliche Handelungen undt Verträge.
2. Fürstliche Heyrahts- und Testaments-Sachen.
3. Alte Cammer-Schulden auf fürstl. Assecurationen.
4. Alter Diener Besoldungs-Schulden und Abrechnungen.
5. Schulden, so die fürstl. Zahl-Cammer von anderen zu fordern.

[Seite 2]

6. Verpachtungen.
7. Wollehandel und Contracta.
   Das fürstl. Zeughaus betr.
8. Hoeffhaltungs-Sachen.
9. Begnadigungen, alß: Heuser, Hoeffe, Garten, Länderey und Dienstfreiheit-Verschreibungen und dergleichen Consense mehr, nehmlich Zoll-, Paß- und Freybrieffe, auch Intercessiones für abgebrandte Leute.
10. Krug-Verschreibungen.
11. Fürstlicher Herren Rähte, Secretarien und anderer Cantzley- und Cammer-Bedienten, auch Cammergerichts-Advocaten, Helmstedtischer Professorn, fürstlicher Leib-Medicorum, item Gericht-Schuldtheißen, Stadtvögte, Landrent- und Schatzmeister Bestallungen.
12. Hoeff-, Ambts-, Kriges-, Forst- und Jägerey-Bestallungen.
13. Eingehefftete Bücher nebst andern unterschiedlichen entzeln undt gemeinen Bestallungen.
14. Miscellanea.

---

* In Bericht Chr. Schades vom 25. 11. 1665 genannt; s. Text S. 44.

[Seite 3]

Stiftssachen*.

   1. Halberstadt. 2. Hildesheim. 3. Magdeburg. 4. Minden. 5. Brehmen. 6. Corvey. 7. Eimbeck. 8. Padelborn. 9. Walbeck. 10. Gandersheimb. 11. S. S. Simonis et Judae in Goslar. 12. Würtzburg. 13. Meintz. 14. Münster. 15. Fulda. 16. S. Blasii. 17. S. Cyriaci in Braunschweig.

Commenthurey-Sachen*.

   1. Luckeln. 2. Weddingen. 3. Süplingburg.

Lehn-Sachen.
   Nach dem ABC.

Krieges-Sachen

   1. Kriges-Ordinantzen und Capitulationes.
   2. Contributions-Anlagen und Einnahme, auch Ritter-Rosdienste und Exekutions-Ordinantzen.
   3. Servicen-Sachen.
   4. Quartier-Rollen. 5. Kriges-Zehrungen.
   6. Lehnungs-Ausgaben auf die fürstliche Cavalleri und Soldatesca zu Fuß nebst deren Special-Abrechnungen undt Quittungen.
   7. Alte Proviant-Sachen und andere Kriges-Auszahlungs-Rechnungen.
   8. Bestallungssachen und Articulsbrieffe.
   9. Krigeswerb- und Handelungen.
  10. Kriges-Zeitungen etc.

[Seite 4]

Städte, deren Statuta, Privilegia undt dieselben sonst betreffendt alß

   1. Wolffenbüttel oder Heinrichs-Stadt.
   2. Helmstedt, auch die Julius-Universität daselbst zum theil mit betreffendt.
   3. Schöningen. 4. Schöppenstedt. 5. Könings-Lutter.
   6. Gandersheimb. 7. Seeßen. 8. Holtzminden.
   9. Stadtoldendorff. 10. Bokenem. 11. Calvorde.
  12. Braunschweig in sehr großer Quantität.

Gilde-Sachen.

   1. Gilden in genere betr. 2. Schützen und Kramergilde, auch Apotheker-Handelung. 3. Schneider, Wandtschneider, Schuster- und Gerbergilde.
   4. Becker, Fleischer und Schmiedegilde.
   5. Bütticher, Gläser und Leineweber.
   6. Hütger und Schnuermachergilde.
   7. Schiefferdecker, Badstübere und Schornsteinfeger betr.
   8. Buchbinder, Seiler, Topfer und Kursnersgilde betr. — Vid. Design. der Städtesachen Fol. 1. 7.

Parthey-Sachen

   deren uber 36000 in zwey, und Criminalia über 4000 in vier Classes, der Registratur Gelegenheit nach, ordentlich abgetheilet und nach dem ABC designiret.

[Seite 5]

Ambts-Sachen.

   1. Wolffenbüttel. 2. Lichtenberg. 3. Gebhartshagen. 4. Seeßen. 5. Langelsheimb. 6. Hartzburg. 7. Stauffenburg. 8. Gandersheimb. 9. Wickensen. 10. Grene. 11. Forst. 12. Fürstenberg. 13. Allersheimb. 14. Holtzminden. 15. Lutteram

Bahrenberg. 16. Neuhauß. 17. Neubrück. 18. Bevern. 19. Ottenstein. 20. Königs-lutter. 21. Warberg. 22. Bahrdorff. 23. Heimburg. 24. Giffhorn. 25. Schöningen. 26. Heßen. 27. Jerxheimb. 28. Vogdsthalen. 29. Calvorde. 30. Unterschiedliche Hoeffe als die Heidewigsburg, Rottorf etc. betr.

Mehr Ambts-Sachen.

1. Bilderlahda. 2. Düderode. 3. Bisperode. 4. Ermsleben. 5. Liebenburg. 6. Hauß Peina. 7. Steinbrücke. 8. Schladen. 9. Vienenburg. 10. Uhlenburg. 11. Winningen. 12. Wiedelahde. 13. Woldenberg.

Dieße Ambts-Sachen bestehen mehrentheils in Ambts-Verordnungen, Visi-tationen, Mengel und Bescheiden, Inventarien, entzeln Ambtsrechnungen und Miscellaneis.

Deren Grentz und Gerechtigkeiten seind particulariter bey den anderen jurisdictionalibus befindtlich.

[Seite 6]

Closter-Sachen. 1. Claß.

1. Riddageshausen. 2. Könningslutter. 3. Amelunxborn. 4. Marienthall. 5. Clauß. 6. St. Lorenz vor Schöningen. 7. St. Marien vor Gandersheimb. 8. Grüningen. 9. Unser lieben Frauwen Berg vor Helmstedt. 10. Stetterburg. 11. Aegidische Güter. 12. Neuwerk zum Ohlhoeff. 13. Reiffenberg. 14. St. Georgenberg oder Grauwhoeff. 15. Brunshausen. 16. St. Crucis.

Mehr Closter-Sachen. 2. Claß.

1. Heiningen. 2. Dorstadt. 3. Derneburg. 4. Woltingeroda. 5. Heilingeroda. 6. Trebenitz. 7. Michelnstein. 8. Kemnaden. 9. Lambspring. 10. Visbeck. 11. St. Lüder vor Helmstedt. 12. Lockem. 13. Barsinghausen. 14. Escherde. 15. Ringeln. 16. Marienborn. 17. Marienrode. 18. Nortem. 19. Walbeck. 20. Weende.

Consistorial-Sachen.

1. Religion-, 2. Pfarr-Sachen, deren Belehnungen. 3. Kirchen-Rechnungen. 4. Consistorial-Partheysachen etc.

[Seite 7]

Keyserl. Mayest. und Pabstliche, auch Könige, Chur- und fürstliche, Graffen und Freyhern anhero gelangete Besuch- und andere Schreiben nebst bey denenselben ergangene unterschiedliche Händel.

1. Keyserl. Mayest., auch des Pabst zu Rom undt etzlicher Cardinäle anhero gethane Schreiben.
2. König in Frankreich und Hispanien.
3. König in Schweden. 4. König in Polen und Dennemarck.
5. Churfürst zu Sachsen. 6. Churfürst zu Brandenburgk. 7. Unterschiedliche Hertzogen zu Braunschweig und Lüneburgk; item Neuwjahreswunschbrieffe.
8. Diverse Missiven, mehrentheils an die durchlauchtigste Fürstin Frau Sophien gebornen aus königlichen Stam zu Polen Hertzogin zu Braunschw. u. Lüneb. gerichtet.
9. Wolfenbüttelschen theils junger Herrschafften Examina und dieselbe sonsten betreffendt.
10. Schöningische fürstl. Witwe.
11. Fürstl. sächsische und mecklenburgische Schreiben.
13. Graffliche oldenburgische Sachen.
14. Graffliche ostfriesländische Sachen.

15. Beyern, Lignitz, Münster und Holstein.

16. Landtgraffen zu Heßen.

17. Unterschiedliche Graffen alß zu Stolberg, Würtzburg, Hohnstein, Hoya, Barby, Mansfeldt, Schwartzburg, Schomburg, Teckelmburg, [Seite 8] Isenburg, Ochsenstern, Solms und Obristen Loh, auch den wallensteiner Hertzog von Frieslandt betreffendt. Hiebey auch unterschiedlicher Freihern Sachen befindtlich.

Graffschaften Blanckenburgk undt Reinstein betr.

1. Blanckenburgische Consistorialia.

2. Graffliche Reinstein und Blanckenburgische Ambts-, auch des Rahts daselbsten Rechnungen.

3. Jurisdiction- und andere Sachen die Graffschaft Reinstein betr.

4. Reinsteinische Lehn-Sachen.

5. Gräffliche Reinsteinische Einnahmen und Schulden.

Bauw-Sachen und Rechnungen

wegen des Kirchen- und Schloßgebeuwdes alhie zu Wolffenbüttel, auch anderer fürstlichen Ämbter de anno 1573 bis 1602 inclusive.

Landschafft- und Renterey-Sachen*

1. Der Landschafft Gravamina und dieselbe sonst in unterschiedlichen Sachen betr.

2. Landt-Schatzungen betr.

3. Landt-Schatzungen nebst Verzeichnis aller deren Einnahme und Ausgabe de anno 1587.

4. Landtrenterey-Register nebst deroselben angewiesene Schulden betr.

5. An unterschiedlichen Orten gehaltene Landtäge de annis 1557. 72. 82. 86. 90. 94 und 97 betr.

6. Landschafft-Acta und gehaltene Täge de annis 1600. 05. 06. 07. 1610. 11. 16. 17 und 1623 nebst einem sonderbahren Convolut etzlicher Original-Landtagesabschiede und Protocolla.

7. Landtschafft ./. die Stadt Braunschweig.

Verzeichnis der Abbildungen

Personenregister

Adelhorn, Bodo 48
v. Adenstedt, Anna
  Soph. 71[4]
Ahrens, Arbeiter 100
Algermann, Franz 17
v. Alten, Adelh. Charl.
  Marie Sibylle 97
Altermann, Joh. Chrstph.
  49
— geb. Meyer, Cath.
  Elis. 53
Anethan, Paul 24
Bacmeister, Archivar,
  Hannover 13
Bayern, Herzog v., Al-
  brecht 120, 121
Beckmann, Burkh. 23
Berckelmann, Jul. 41,
  49[7], 111
— Lor. 24, 48, 102
Block, Theod. 48, 110,
  111, 112
Bode, Luise 96
— Stadtdir., Braun-
  schweig 108
Bodemeyer, Joh. 48, 102
Bötticher, Georg Aug.
  Rich. **99**
— Joh. Henr. Auguste
  98
— Matth. 19
— Zachar. 111
Bockelmann 75
v. Bothmer, geb. v.Alten,
  Adelh. Charl.Marie Si-
  bylle 97
— Frh., Albert **97**, 98
— Frh., Karl Friedr.
  Vinc. 97
— geb. Westphalen,
  Mathilde 97
Brandes, Heinr. 43
— Joh. 103
— Käthe 96
— W., Dr., 96
Braunschweig-Lüneburg,
  Herzöge v.,
— Anton Ulrich 51
— Aug. d. Ä. (1636) 39
— Aug. d. J. 7, 26[5], 27,
  36, 37, 38, 39, 40, 42,
  43, 44, 48, 50, 109,
  110, 114, 116[6]
— Bernhard (1428) 7

— Christian (v. Celle,
  1611—36) 36,
  37, 102, 103
— Christian Ludwig
  (v. Celle, 1641—65)
  26[3,4], 42, 112, 115
— Erich d. Ä. (1495) 8
— Erich II. 22, 101, 118,
  120, 121
— Ernst (1601) 102
— Franz Otto (1555) 101
— Friedr. (v. Celle, 1636
  bis 48) 42
— Friedr. Ulr. 12, 26,
  36, 37, 43, 46, 48, 49,
  66, 103, 109, 110, 114
— Georg († 1641) 40, 112,
  114
— Georg Wilh. (1648 bis
  1705) 13, 116[6]
— Heinr. d. Löwe 9
— Heinrich d. Wunderl.
  (1283) 7
— Heinrich d. Friedf.
  (1432—1473) 8, 9
— Heinr. d. Mittl. (1478
  bis 1532) 8, 101
— Heinr. d. Ä. (1495) 8,
  9, 101
— Heinr. d. J. 10, 12, 13,
  14, 15, 17, 19, 20
— Heinr.Jul. 31[4], 37, 102
— Joh. Friedr. (v. Han-
  nover, 1669) 116
— Julius 17, 18, 19, 20,
  22, 24, 118
— Karl I. 27[5], 55, 66,
  69, 73
— Karl Wilh. Ferd. 68
— Karl II. 91, 107, 108
— Rudolf Aug. 44, 47[3], 116
— Wilh. d. Siegr. (1428)
  7, 8
— Wilh. d. J. (1482 bis
  1491) 8
— Wilh. (1852) 31[2]
Braunschweig-Lüneburg,
  Herzoginnen v.
— Elisabeth (v. Däne-
  mark, 1590) 31[4]
  Sophia Hedwig (1578)
  21[1]
Breymann, Oberstaats-
  anw. 31[2]

Burckhard, Georg
  Chrstph. 54
— Jak. 53, 54
— Joh. Georg **52, 54,** 55,
  56, 65
— Joh. Heinr., Dr. med.
  54
— Phil. Heinr. 54
— geb. Pollich, Anna
  Soph. 54
— geb. Schaetz, Innoz.
  Rosina 54
Calixtus, Friedr. Ulr.,
  Prof. 47
— Georg., Prof. 12
Cammann, Bürgermeister
  61
Cappaun v. Zwickau,
  Karl 23
Carpe, Joh. 38, 39
Clacius, Konr. 116
Conring, Herm., Prof. 12, 47
v. Cramm, 47, 55
Cranach, Lukas 17
Crome, Pedell 100
Dänemark, König v.,
  Christian IV. 26
— Prinzessin v., Elisa-
  beth (1590) 31[4]
Daus, Quirin 21
Delius, Reg.-Rat 85
Eberding, A.G. 41
— W. Ph. 41
Eberts, Wolf s. Ewerdes
Eckhard (Eccard), Joh.
  Georg 104, 105
Eggelingk, Eberh. 21
Ehlers geb. Bötticher,
  Joh. Henriette Au-
  guste 98
— Heinr. Wilh. 83, **98**f.
Engel, Wilh. 45
Erath, Ant. Ulr. 60, 62,
  63, **69**f.
Ernst, Corn. 25
Ewerdes (Eberts), Wolf
  16[3], 19
Fabri, Dr., Kanzler 14
Fabrice, v., Anna Marie 67[5]
Fabricius, Kathar.
  Elisab. 53
Fase, Hans 22
Ferdinand II., Kaiser 43

126

Forestier, Franz. Elisab. 73[6]
Francke, Paul 16[3], 22
Frankenfeldt, Quästor Helmstedt 74[4]
Freudenhamer, Joh. 111
Fricke, Joh. 70[4]
— Heinr. Ludw. 55, 70, 88
— Joh. Heinr. 70
— geb. Meyer, Anna Elisab. 70[4]
Garson, Salzliebenhalle 71[4]
— geb. v. Adenstedt, Anna Soph. 71[4]
Gelhud, Hof- u. Abteirat 89[3]
Georgisch, Dr., Halle 59
Gerhard, Ger.-Diener, 30[5]
Gosky, Mart., Dr. 105
Gruber 61
Hacke, Anna Doroth. 71[5]
Hackradt, Schankwirt 30[5]
Haeberlin, Prof. Dr., 67
Hänselmann, Ludw., 85[7]
Hahusen, Joh., 21
Halberstadt, Bischof v., Leopold Wilhelm (1627) 37
Halver, Ludolf 23
Hannover, König v., Wilh. IV. 107
Harms, Hilfsbote, 101
Hartwig, Franz 110
— Hedw. 50
Hase, Wolf 22, 120, 122
Hebeler, Arbeiter, 100
Heimburg, Fhr. v., Geh. Rat, 65[5]
Heinrich, Andr. 24
Held, Matth. 121
v. Herden, Egidius 53
— geb. Fabricius, Kath. Elis. 53
— Sus. Klara 53
Hessen, Landgraf v., Philipp, 12, 13, 14
Hettling, Heinr. Aug. 90[1]
— Joh. Heinr. Aug. 32, 76[7], 77, 78, 83, 84, **90**, 91, 92, 94, 108
— geb. Weichsel, Philippine 94
— geb. Oppermann, Soph. Elis. 90[1]
Heuneken, Andr. 21
Hildesheim, Bischof v., Ferdinand (1629) 37
v. Hirstein, Joh. 16[3]
Hoffmann 61
— Sus. 99
Holstein-Norburg, Leopold Prz. v. 51

v. Hoym, Vizekanzl. 29[1], 77[4]
Hurlebusch, Kammerpräs. 91
Jagemann, Kanzler 25
v. Kalm, Pastor 64
v. Karlewiz, Christoph 121
Kern, Joh. Augusta 91[6]
Kestner, Archivauditor 106
— Hof-Rat, Hann. 105, 106
Koch, Conr. Dietr., Prof. 71[5]
— Heinr. Andr. 55, 56, 68, 70, **71**, 71[5], 72, 73
— geb. Hacke, Anna Doroth. 71[5]
Köhler, Prof., 72
Könecke, Georg 21
König, Dr., Kanzler, 10, 14
Korb, Herm. 11
Kotzebue, Christ. Ludw. 61
v. Krosigk, Hofmarsch., 58[2]
Kuhne, L. 31
Lampadius, Kzl.-Sekr. 65
Lappe, Heinr. 16[3], 21
Lappenberg, J. M. 85[9]
Lautitz, Joh. 22, 102
— Matth. 23
Lawe, Herm. 36, 38, 39, 40, 48, 49
— geb. Schrader, Soph. Hedw. 48
Leibniz, G. W., 47, 104, 105
Leidloff, Fabrikant Brschwg. 108[3]
Leisewitz, Geh. Justizr., 89[1]
Leiste, Christian, Prof. 89[3]
— Joh. Christian 77, **89**
— geb. Gelhud, N. 89[3]
Lerche, Otto, Dr. phil. 98
Letzner, Joh. 46, 66
Leyser, Polykarp, Prof. 45, 61
Lichtenstein, Hofrat 60, 62, 63
Liebeherr, Kab.-Sekr. 66
Lintz, Gertrude 98
Lüdecke, Hofrat 13
v. Lüdecke, Kanzler 29[1], 54
v. Lüthorst, Brüder 12
Mancinus, Thom. 24
Meibom, Heinr., Prof. 46
— geb. Müller, Christ. Elisab. 52

Meier, Heinr., Oberstlt. a. D., 98
v. Meinders, Franz 51
Mertenß, Sebast. 109, 110
Mese, Joh. 122
v. Metternich, Joh. Reinh. 38, 39
Meyer, Anna Elisab. 70[4]
— Aug., Sekr. 47, **54**
— Cath. Elisab. 51, 53
— Joh. Cornelius 70[4]
Meyne, Joh. Heinr. 66, 74f.
— Just Ant. 75[1]
— geb. Modeln, Mar. Elisab. 75[1]
— geb. Schilling, Wilh. Henriette 75[6]
Meyners, Christ. Aug. Elisab. 88[1]
— Heinrich Gebh. 88[1]
Model, Mar. Elis. 75[1]
Müller, Aug. Christiane 52
— geb. Meyer, Cath. Elisab. 51, 53
— Christ. Elisab. 52
— Doroth. Soph. 52
— Jak., 47, **51**, **53**, 104, 117
— Joh. Urban, Kammerrat, 52[1]
— Joh. Urban, Sekr., 52
— Margar. Marie 51
— Bauverwalter (1590) 24
— Kreisbaumeister (1855) 32
v. Münchhausen, Geh. Rat 71[5]
— Großvogt 46[5]
Napp, Heinr., Dr. 22, 122
Niedt, Bote 101
Nolte, Paul Mart. 74[1]
— Rud. Aug. 65[5], **74**
Oesterreich, Christ. Ant. Theod. 91[6]
— Joh. Wilh. **91**f.
— geb. Kern, Joh. Augusta 91[6]
Oppermann, Soph. Elis. 90[1]
Orthlepius, Friedr. 114
Osterwald, Joh. 24
Paurmeister, Joh. 19
Peltier, Landbaumeister 58[2]
Pertz, Archivr. 103, 107, 108
Peyn, Joh. 10
Pfaff, Martha, verehel. Zimmermann 96
Polen, Prinzessin v., Sophie 65, 124

127

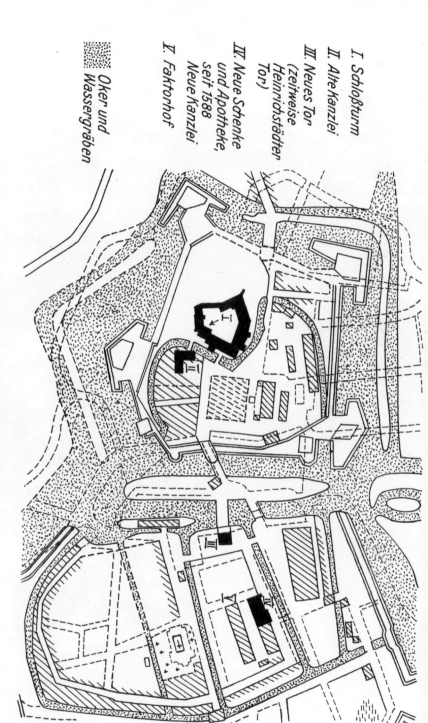

I. Schloßturm
II. Alte Kanzlei
III. Neues Tor
 (zeitweise
 Heinrichstädter
 Tor)
II. Neue Schenke
 und Apotheke,
 seit 1588
 Neue Kanzlei
V. Faktorhof

Oker und
Wassergräben

Abb. I. Wolfenbüttel Ende des 16. Jahrhunderts
(Nach Fr. Thöne, Wolfenbüttel unter Herzog Julius, Braschwg. Jhb. 33. 1952)

Abb. 2. Die 1590 eingerichtete „Registratur unter der neuen Kanzlei
in der Heinrichstadt": Blick vom 2. in das 1. Gewölbe des ehemal. Hauptarchivs
des 18. Jhdts. im Untergeschoß des Archivgebäudes (Aufn. 1952)

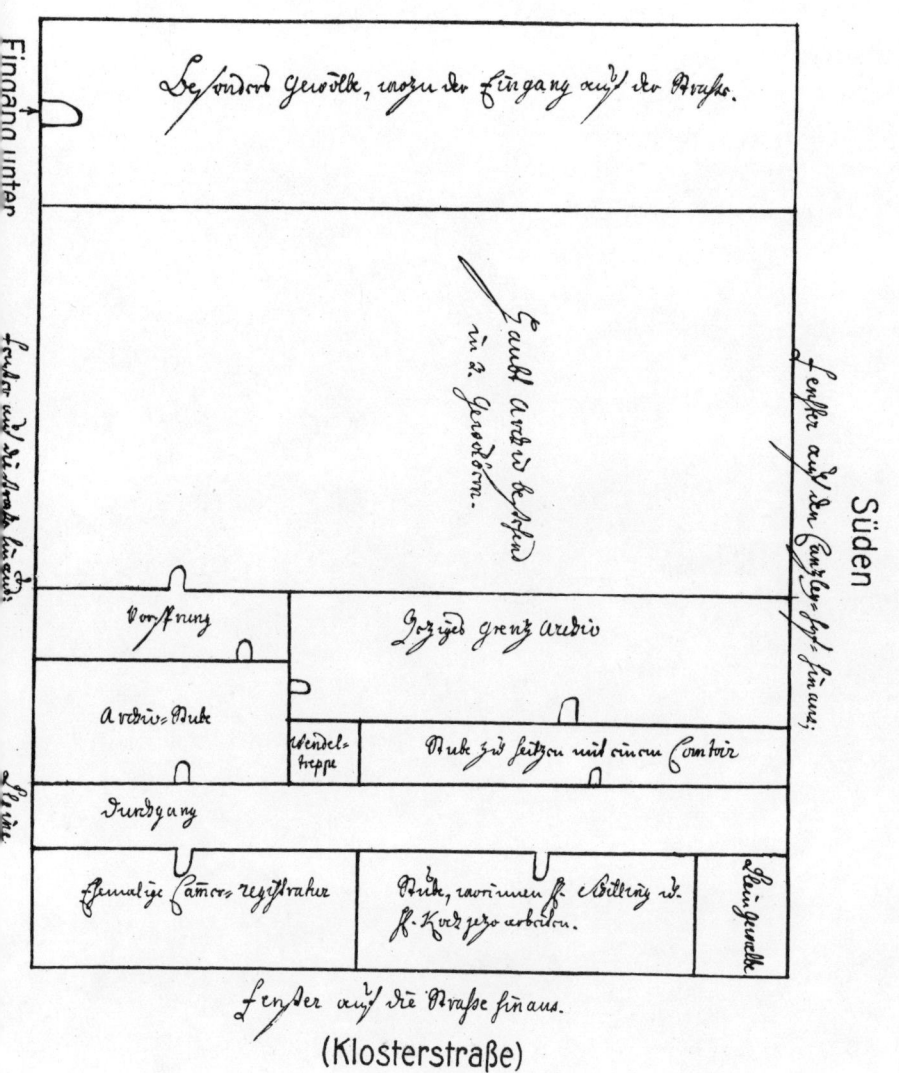

Abb. 3. Einteilung der Archivräume

Eigenhändige Zeichnung v. Prauns zu seinem Zustandsbericht vom 5. 12. 1746

Abb. 4. Kanzleigebäude in Wolfenbüttel um 1846

Gemalt vom Polizeisekretär J. Th. Friedrich Helmcke (Orig. im Staatsarchiv)

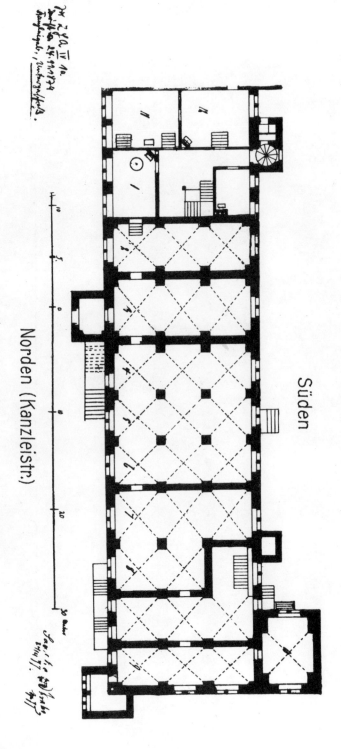

Abb. 5. Untergeschoß des Archivgebäudes
Anlage zum Bericht des Archivvorstandes vom 24. 11. 1879

Norden (Kanzleistr.)

Süden

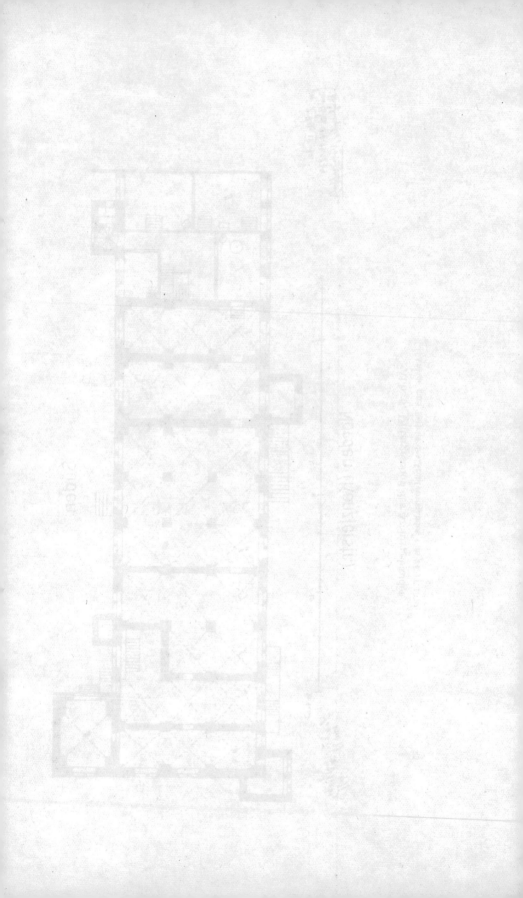

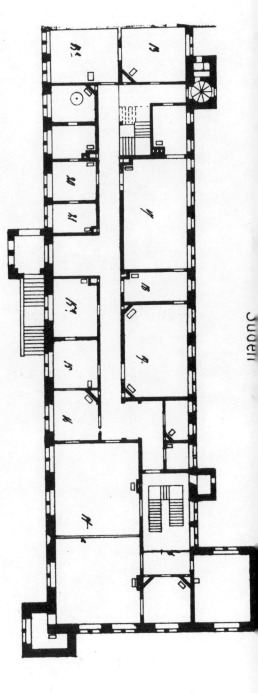

Juden

Norden (Kanzleistr.)

Abb. 6. Mittelgeschoß des Archivgebäudes
Anlage zum Bericht des Archivvorstandes vom 24. 11. 1879

Abb. 7. Geh. Rat Georg Septimus Andreas v. Praun (1701—1786)

Nach einem Pastellbild von J. H. E. Neumann im Staatsarchiv

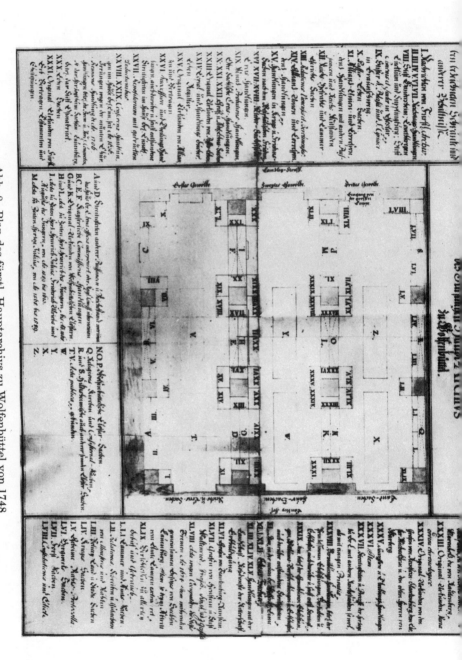

Abb. 8. Plan des fürstl. Hauptarchivs zu Wolfenbüttel von 1748
Zur Nachricht von dessen neuer Einrichtung durch v. Praun

(L. Alt Abt. 36 V, 2 Bd. 2)